工业4.0与中国制造2025
从入门到精通

吴 为 ◎著

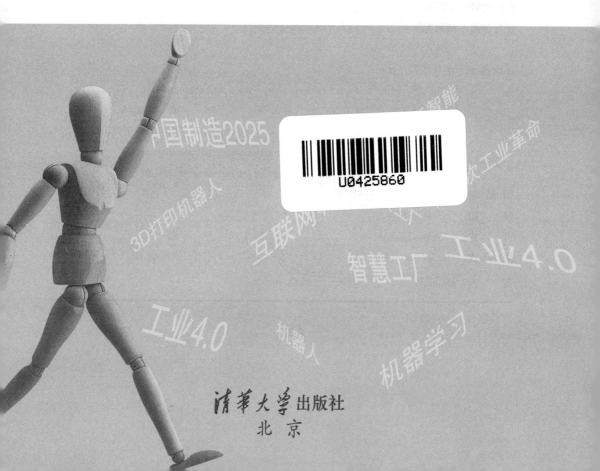

清华大学出版社
北京

本书封面贴有清华大学出版社防伪标签,无标签者不得销售。

版权所有,侵权必究。举报:010-62782989,beiqinquan@tup.tsinghua.edu.cn。

图书在版编目(CIP)数据

工业 4.0 与中国制造 2025 从入门到精通 / 吴为著. -- 北京:清华大学出版社,2015(2022.5重印)
ISBN 978-7-302-42253-2

Ⅰ. ①工… Ⅱ. ①吴… Ⅲ. ①制造工业—研究—中国 Ⅳ. ①F426.4

中国版本图书馆 CIP 数据核字(2015)第 283851 号

责任编辑:张立红
封面设计:杨 丹
版式设计:方加青
责任校对:杨静琳
责任印制:刘海龙

出版发行:清华大学出版社
网　　址:http://www.tup.com.cn,http://www.wqbook.com
地　　址:北京清华大学学研大厦 A 座　　邮　编:100084
社 总 机:010-83470000　　邮　购:010-62786544
投稿与读者服务:010-62776969,c-service@tup.tsinghua.edu.cn
质 量 反 馈:010-62772015,zhiliang@tup.tsinghua.edu.cn

印 装 者:涿州市京南印刷厂
经　　销:全国新华书店
开　　本:170mm×240mm　　印　张:20.5　　字　数:219 千字
版　　次:2015 年 12 月第 1 版　　印　次:2022 年 5 月第 6 次印刷
定　　价:69.00 元

产品编号:066800-01

前 言

工业4.0是继大数据、"互联网+"、物联网之后，又一世界级改革项目。在2015年的两会上，国务院总理李克强在《政府工作报告》中第一次提出要实施"中国制造2025"，并确定了以"坚持创新驱动、智能转型、强化基础、绿色发展，加快从制造大国转向制造强国"为主题的方向。

由于中国近些年经济高速增长，劳动力成本也急速攀升，使得东南亚国家在劳动力价格上占据优势，促使一些企业纷纷在东南亚建厂。

美国、日本等发展国家已经启动了"工厂回流"计划，这一计划让不少在中国开设工厂的美国和日本生产商从中国撤离，如日本大金、松下、夏普、TDK计划进一步推进制造基地回迁日本本土。

这些因素最终导致中国必须继续改革，以保持经济、政治、文化在世界居于前列的地位。在"中国制造2025"的"三步走"路线中，我们对各项目标都做了清晰的划分与定位。

第一步：力争用10年时间，迈入制造强国行列。第二步：到2035年，我国制造业整体达到世界制造强国阵营中等水平。第三

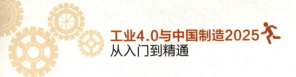

步：新中国成立100年时，制造业大国地位更加巩固，综合实力进入世界制造强国前列。制造业主要领域具有创新引领能力和明显竞争优势，建成全球领先的技术体系和产业体系。

与"中国制造2025"相对应的是德国的工业4.0、美国的工业互联网、日本的人工智能。尽管称呼不同，但是核心都是相同的。

工业4.0是由制造强国德国提出。2011年的德国汉诺威工业博览会上，工业4.0概念首次被提及。2013年4月德国政府正式推出德国工业4.0战略，一个全球性的话题瞬间被引爆，因为对世界强国来说，这是一次弯道超车的机会。

在新的变革面前，无论是国家、企业还是个人，要么被推上变革的风口，要么被变革的浪潮淹没。对于发展中国家或中小型企业来说，这是一次难得的"弯道超车"的机会，如果把握了这次机遇，国家、企业的格局就会在此改变。

本书特色

1. 内容全面、详略得当

工业4.0时代即将到来，德国、美国、日本、中国等国家先后提出了适合本国国情的发展计划。

本书全面阐述了工业4.0的定义，德国工业4.0的核心、美国的工业互联网、日本的人工智能、中国的"中国制造2025"等。

2. 采用大量图表、案例，易理解

本书通过大量的事例样本、图表分析，让读者全面地了解工业4.0的精粹到底是什么。为了使本书更具实用性、易理解性，书

中运用大量的图表对比分析图、逻辑关系图来讲解。对于抽象性的专业术语、行业名词，本书都有具体的图表或例证进行说明。

3. 前瞻性强，对未来大趋势具有很强的预测性

对于接下来的10年、20年的企业战略，本书给出了具体的预测性答案。当然，这种预见性的答案并不能保证绝对精确，但是我们足以能给读者以启发。在工业4.0时代，企业如何能从竞争中获胜，这将是一个重大课题。很幸运的是，我们做了大量的预测分析，并给出了分析依据。

立足于未来，我们无法给出答案，但是我们可以根据历史的趋势，去把握未来的潮流，最终搭上变革潮流的列车。

本书内容及体系结构

第1章　什么是工业4.0

本章讲述工业4.0的特点以及时代特点，各国纷纷提出了基于本国国情的工业4.0战略。在2015年的两会上，国务院总理李克强在《政府工作报告》中第一次提出要实施"中国制造2025"，加快从制造大国转向制造强国的步伐。尽管中国的"中国制造2025"与德国的工业4.0、美国的工业互联网、日本的人工智能提法有所不同，但目的是一样的，都是通过互联网技术来提升制造业的竞争力。

第2章　"互联网+"与工业4.0

本章讲述工业4.0的技术支撑点。工业4.0建立在"互联网+"的基础上，工业4.0需要融合制造业的物理世界与"互联网+"的数字世界。通过去中心化的平台实现资本、技术的跨界。在未来的10年，淘宝、华强北电子市场等平台商会慢慢消失，这一章会告诉你原因。

第3章 德国自下而上的工业4.0

本章讲述德国工业4.0的产生背景。德国是工业4.0概念的提出者，也是制造业的先行者。德国企图凭借其强大的制造业实力来超越以美国为首的互联网巨头。尽管这一切看起来很困难，但是德国已经在行动，并取得了一定成果。

第4章 美国自上而下的工业4.0

本章讲述与德国不同的工业4.0。2008年次贷危机出现后，许多美国企业巨头纷纷倒闭或合并。这次金融危机让美国意识到金融、IT并不能保证其长期处于世界领先地位。德国与日本先进的制造业已经威胁到了美国制造业的主导地位。所以美国必须加大在制造业上的投入，带动经济复苏，尽快走出金融危机的泥潭。于是奥巴马上台以来，开展了一系列"再工业化"的改革浪潮。

第5章 日本人工智能的工业4.0

本章对日本工业4.0动因进行了详细的讲解。日本目前经济总值位于世界第三位，不过其正面临着严重的老龄化。仅靠人力完成看护工作既不可能亦不经济。为此，日本打算将机器人技术广泛应用于养老，一方面解决市场需求，另一方面培育先进的家用机器人产业。2015年1月日本制定了国家级发展战略——《机器人新战略（Japan's Robot Strategy）》。要实现此战略，必须减小机器人操作的复杂程度，以让普通人也能够很好地使用机器人。

第6章　中国的工业4.0

本章讲述中国工业4.0产生的背景以及面临的问题。2010年中国国内生产总值（GDP）成功超过日本，成为世界上仅次于美国的第二大经济体。中国经济的高速增长，给国民带来了福利。但是从国家层面来说，中国积累的外汇储备是很大的浪费。中国需要把大量的资本投入到技术研发上去。此外，随着中国经济的增长，中国劳动力成本不断上涨。这使得越南等一些国家在劳动力成本上占据优势，从而导致了大批工厂从中国撤离。中国不得不通过提升制造业水平来实现经济增长。

第7章　传统行业与工业4.0的纷争

本章讲述传统行业在工业4.0场景下的表现。在工业4.0时代，传统行业不堪一击。企业要想在新时代竞争中获胜，要么转型，要么等死。每一次时代性的革命都会给世界以洗礼。汽车领域这一变革加剧了行业洗牌，老的王者退去，新的霸主产生。

第8章　工业4.0的数字化信息储备

本章介绍了工业4.0时代数字化信息之间的竞争。企业的竞争是信息搜集、信息挖掘、信息融合等方面的竞争。谁掌握了核心信息，谁就能在新一轮的行业竞争中获胜。纵观苹果的崛起、谷歌的市值飞涨，我们看到了信息的力量。信息不但有价值，还有质量。新一轮的竞争，拥有TB信息量不再是沾沾自喜的事，因为PB时代已经来临。

第9章　变革路上的拦路虎

本章通过跨时代对比，讲述变革的真相。对世界来说，变

革是美好的,因为生产力获得了提升。但是对于有些企业巨头来说,这是一场灾难。因为变革可以让其从世界第一的位置上被拉下马,成为跟随者、被淘汰者。微软就是其中一位,苹果的市值已经把微软从第一位置踢下来了。

第10章 工业4.0,如何做个行业领导者

本章介绍了如何在工业4.0时代成为领导者。在工业4.0时代,"如何做个行业领导者"是接下来20年的重大热点话题。对于企业而言,谁都不愿意错过这次超级列车,但是事实告诉我们,真正能搭上这趟列车的企业不会超过10%,你准备好了吗?

本书读者对象

- 互联网从业人员
- 制造业从业人员
- 政府工作人员
- 企业高层
- 希望成为时代巨人的梦想家们

关于作者

韩布伟:笔名吴为,现担任多家企业的战略顾问,如中华生活网集团特约战略顾问、北京鑫博慧通有限公司特约战略总策划、北京海德美建筑装饰工程有限公司战略总顾问等。长期专注于"互联网+"及工业变革动态的研究,通过对国内外40个行业近120家标杆企业的纵向对比,得出用工业4.0的核心去解决传统

行业问题的方法。

　　本书由韩布伟组织编写,参与编写的还有黄维、金宝花、李阳、程斌、胡亚丽、焦帅伟、马新原、能永霞、王雅琼、于健、周洋、谢国瑞、朱珊珊、李亚杰、王小龙、张彦梅、李楠、黄丹华、夏军芳、武浩然、武晓兰、张宇微、毛春艳、张敏敏、吕梦琪、赵桂芹。

　　本书就工业4.0加以全面阐述。因受作者水平和成书时间所限,本书难免存有疏漏和不当之处,敬请指正。

目 录

上篇 工业4.0的核心：生产方式智能化

第一章 什么是工业4.0 … 3
1.1 智能工厂平台上的系统生命周期 … 4
1.2 几何级数的时间压缩模式 … 7
1.3 云系统引领下的智能工厂 … 11
1.4 无人化工厂集聚区 … 15
1.5 情景感知信息技术 … 20
1.6 GIS数据运算技术 … 25
1.7 一键定制你的私人专属汽车 … 28

第二章 "互联网+"与工业4.0 … 33
2.1 物理世界和数字世界的融合 … 34
2.2 云端化：无限容量的虚拟世界 … 37
2.3 去中心化："渠道为王"已是过去 … 42
2.4 雷军的四驾马车给我们带来了什么 … 47
2.5 消失的集散平台商：深圳华强北电子市场 … 52
2.6 人人众筹，人人创业 … 58

第三章 德国自下而上的工业4.0　　65

3.1　物理信息系统　　66

3.2　严谨而认真的德国人　　70

3.3　安贝格工厂：100万件产品，次品约为12件　　74

3.4　雷蒙哥公司：机器会自我更新　　76

3.5　博世洪堡工厂：所有零件都有一个唯一的射频识别码　　79

3.6　瓦尔斯特工厂：物联网的又一践行者　　83

第四章 美国自上而下的工业4.0　　87

4.1　信息物理系统　　88

4.2　工业互联网联盟　　93

4.3　通用电气：美国工业互联网的引领者　　98

4.4　王者对决：通用电气与西门子的竞争开辟了新战场　　102

4.5　疯狂收购制造业的Google　　106

4.6　峰值可达297.7公里/时的特斯拉汽车　　110

第五章 日本人工智能的工业4.0　　113

5.1　日本机器人新战略　　114

5.2　人工智能是突破口　　119

5.3　用3D打印机打印你的住房　　125

5.4　有灵魂的机器人　　130

第六章 中国的工业4.0　　137

6.1　工业4.0是中国制造业的必由之路　　138

中篇　谁决定了工业4.0的风暴口

目录

6.2 中国制造业倒闭风潮 142

6.3 《中国制造2025》：七个核心词语、五大方针、
四大原则 146

6.4 "中国制造2025"应与"一带一路"无缝
对接 157

6.5 中国工业4.0"超车"思路 163

6.6 华为重新布局，打造工业4.0生态链 169

6.7 海尔工业4.0实践：自杀重生，他杀淘汰 175

6.8 中国工业4.0的C2M模式 181

第七章　传统行业与工业4.0的纷争　191

7.1 传统行业为何不堪一击 192

7.2 汽车领域的新革命 196

7.3 "逻辑思维"和粉丝经济 201

7.4 爱屋吉屋与链家地产，谁的模式能活下去 206

7.5 电商渠道下沉带来的蓝海 212

7.6 工业4.0下的商业格局的演变 216

第八章　工业4.0的数字化信息储备　221

8.1 数字化信息源从何而来 222

8.2 如何评测信息的质量 227

8.3 如何进行数据化营销 232

8.4 亚马逊未下单，先发货 236

8.5 倒下的霸主：柯达死亡日记 243

8.6 数据狂潮：IBM提供的数据流 248

下篇
传统企业如何搭上工业4.0的极速列车

第九章 变革路上的拦路虎　　253
9.1　历史的轮回会告诉你变革的真相　　254
9.2　思维模式之争　　260
9.3　迪拜债务危机　　265
9.4　如何在顺境中主动变革　　269
9.5　倒在变革路上的诺基亚　　277
9.6　引领变革的IBM　　282

第十章 工业4.0，如何做个行业领导者　　289
10.1　四次工业革命的相通点　　290
10.2　小数据串联大数据　　295
10.3　大数据作的"局"　　299
10.4　未来行业之争：数据入口之争　　304
10.5　大数据可以预知未来　　310

下篇

传统企业如何搭上工业4.0的极速列车

上篇 工业4.0的核心：生产方式智能化

第一章
什么是工业4.0

在2015年的两会上，国务院总理李克强在《政府工作报告》中第一次提出要实施"中国制造2025"，加快从制造大国转向制造强国的步伐。尽管中国的"中国制造2025"与德国的工业4.0、美国的工业互联网、日本的人工智能提法有所不同，但是目的是一样的，都是通过互联网技术来提升制造业的竞争力。

那么工业4.0到底是什么呢？——大数据+云计算+智能工厂。

1.1 智能工厂平台上的系统生命周期

系统生命周期管理（System Life-Cycle Management）指系统由系统导入、系统成长、系统成熟、系统衰退的生命进程，也是从人们对系统的需求开始，到系统被淘汰的过程（见图1-1）。

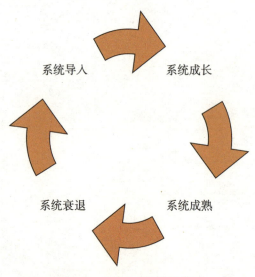

图 1-1 系统生命周期的组成

系统生命周期管理使产品的生产过程实现动态化，通过对各程序间的控制，最终达到为智能工厂增加收入和降低成本的目的，这是未来在激烈的市场竞争中获胜的一项最优方法。

由于系统生命周期管理是建立在智能工厂平台上的，这个平台上的产品生命周期也由此延伸。产品生命周期包含生命周期管理的6个部分：产品需求、产品规划、产品开发、产品上市、产品更新、产品淘汰。

2001年中国加入WTO（世界贸易组织），并制定了以信息化带动工业化的为期50年的长期发展战略。由于西方经济低迷，而中国GDP增长一枝独秀，中国正在迅速成为世界制造业的中心。

自2014年以来，"中国制造2025"这个关键词经常出现在媒体、报刊之中。我国对信息化产业投入不断加大，相继出现围绕"互联网+"、工业4.0等一系列概念版的热门关键词，意味着中国正在加速系统生命周期的进程。

第一次工业革命、第二次工业革命、第三次工业革命，每一次工业革命都会给国家实力格局带来较大变动。同时，三次工业革命时间间距在不断缩短，意味着工业革命的生命周期在不断减小。为了让大家有更直观的对比，我们将第一次工业革命、第二次工业革命、第三次工业革命的相关联系列出来（见图1-2）。

第一次工业革命。1760年以后，英国发起了用机器代替手工劳动的工业革命。随着工业生产中机器生产逐渐取代手工操作，传统的手工业无法适应机器生产的需要。为了更好地进行生产管理、提高效率，人们开始安置机器、雇佣工人以集中生产。这样，一种新型的生产组织形式——工厂出现了。

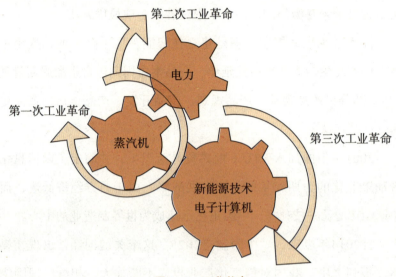

图 1-2 工业革命

第二次工业革命。1870年电灯的发明促进了生产力的提高。企业可以通过电力带动机器。这一变革使电力很快就取代了蒸汽动力的位置,并作为新能源用于各行业中。电动机的发明,实现了电能和机械能的互换。随后,电灯、电车、电钻、电焊机等电气产品如雨后春笋般地涌现出来。

第三次科技革命。1940年以后,新能源技术、电子计算机被广泛应用。电子计算机的广泛应用,促进了生产自动化、管理现代化、科技手段现代化和国防技术现代化,也推动了信息的自动化。以全球互联网络为标志的信息高速公路正在缩短人类交往的距离。

第四次工业革命的概念在2014年由德国提出。在未来10~15年,制造业的综合整合将对全球产业产生巨大影响。第四次工业革命的到来已为时不远。

1.2 几何级数的时间压缩模式

自德国提出工业4.0的概念之后，经济实力处于国际领先地位的美国、英国、日本等国相继提出针对本国的工业4.0版本。各国投入巨资对工业4.0进行深度尝试，原因就在于都想通过工业4.0在生产时间上进行几何级数的压缩。

1. 智能工厂平台上的生态系统

对自然界来说，所有的生物（动物、植物、微生物）和非生物成分（如阳光、空气、水、无机盐等），形成一个动态系统。通过系统内部能量的流动形成一定的营养结构，保持生物多样性和物质循环。

对于产品来说，在智能工厂的平台上，产品生态系统可以最大限度地实现跨越时空、地域和供应链的信息集成，在产品整个生命周期内，充分利用分布在各个子系统中的产品数据和智力资产，最终完成生态系统的动态平衡（见图1-3）。

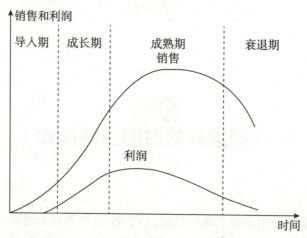

图1-3　产品生产周期

导入期：生态系统利用动态数据流和智力资产分析出客户对产品的需求定义、概念设计及设计验证过程，以达到提高效率、增强产品生命期的生产力的目的。

成长期：生态系统通过销售端，完成产品规模的扩张。

成熟期：生态系统利用动态数据流和智力资产，迅速进行产品的变型、引申和改良。

衰退期：生态系统通过衍生的方式，力图进入新的销售市场，并通过提供数字化的服务与维修，尽量减少维修成本，从而延长产品的生命周期。

对于传统企业来说，企业与其供应商及客户之间、企业中异构的应用系统之间、产品生命周期内不同阶段之间、分散在不同地点产品生命周期的参与者之间都存在着信息交换的诸多障碍。信息流的不通畅严重地影响着企业的研发和生产效率。

由于智能生态系统解决方案采用数据流分析等先进技术，因此支持在产品生命周期中不同阶段之间实现信息相互对接,从而将整个产品生命周期统一起来。这种不同阶段之间的产品信息无缝交换,使得企业能够消除地理、部门和技术的障碍。

在这个产品生态系统中:

- 参与者实现信息共享;
- 能够连接企业异构的应用系统,并使它们的产品数据动态同步;
- 实现整个产品生命周期中的流程自动化持续运转;
- 智能工厂下的几何级数的时间压缩模式。

智能工厂的最大优势是通过对数据流的分析,实现系统生命周期中的生产时间无下限几何级数递减。

几何级数理论模型如表1-1所示。

表1-1 几何级数理论模型表

基数\次方数	2	9
2	4	512
3	9	19683
5	25	1953125
7	49	40353607

为了得到一个比较直观的认识,我们举例说明。以"2"的几何级数为例。2015年4月,全球首富比尔·盖茨拥有5200亿元。如果你投资1万元,投资回报率为100%,即构成"2"的几何级数,那么26年后,你的理论财富(1+100%)的26次方约为6711亿元。如果你投资1000万元,投资回报率为100%,那么拥有这笔财富的理论时间只需要16年左右。

那么,智能工厂下的时间是如何计算,又是如何实现几何级

数压缩的呢？

2. 数据平台无纸化实时对接

2013年9月，在德国之外的第一家数字化生产研发基地落户于成都。这家研发基地的落户，意味着变革时代已经悄然来临。

对传统制造业来说，生产一个产品之前，必须先出一张设计图纸，然后交给生产部门做出样品，图纸返回研发部改进后再生产。而在数字化制造情况下，改变了传统制造节奏，研发到制造基于同一个数据平台，研发和生产几乎同步，完全不需要纸质的图纸。这是完全用不到纸张的生产车间，数字化制造带来的改变，而这种节奏的改变带来的是产品上市时间的大大压缩，生产效率和产品质量的提升。

3. 设计即生产

在智能工厂，"虚拟生产"一词作为新的生产途径被广泛谈及。在工业4.0时代，虚拟全球将与现实全球相融合。通过计算、自主控制和联网，人、机器和信息能够互相联接，融为一体。中国制造业将实现更高的工程效率、更短的上市时间以及生产灵活性。

以汽车为例，目前要生产一款汽车至少需要8年时间。因为这需要上千设计人员设计3年，模具生产人员制作模具1年，建设相应的流水线工厂需要4年。

而工业4.0时代，这一切都会被压缩。制造业通过基于大数据、互联网、人，结合各种信息技术进行柔性制造。实现定制化生产，甚至可以当天定制、当天生产，第二天客户就能开上定制的新汽车。

1.3 云系统引领下的智能工厂

云系统又称云OS、云计算操作系统，云系统架构主要由云计算和云存储两部分组成。云计算通过数据中心设置大量计算机服务器群，通过网络传输的方式为客户提供差异化应用。云存储通过把客户的信息数据跨区存储，以达到节省本地存储资源的目的（见图1-4）。

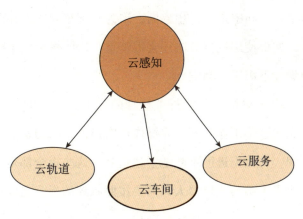

图1-4　云感知的三个方面

我国云系统应用的代表企业徐工装载机智能基地为我们揭开云系统的神秘面纱。京沪高铁线上有一道独特的工业风景线，那就是连续26年稳坐中国工程机械行业"头把交椅"的徐工装载机智能基地。

此基地面积约为17万平方米,如此大的生产基地仅有500名工人负责操作。原来,工厂内90%的工作都是通过机器人来实现的。这里有145套焊接机器人、10套切割机器人,2套涂装机器人。

通常我们认为机器人是没有思想的、行动迟缓的,而这里的机器人却很灵活。美国电影《机器人瓦力》中的主角瓦力是灵敏的,在这里可以找到"瓦力"的影子。

形似瓦力的机器人,可以在生产线上自行走动,而不触碰到其他的物品。它背着大大的铲斗,铲斗上放着需要焊接的物品,通过固定的指令将物品运送到焊接台上。在焊接台上其他类型的机器人在按部就班地做着流水线的某一工序的工作。这些机器人力量都很大,能够将要生产的产品360°翻转,并进行全方位的焊接。这在传统的生产车间中是难以想象的,因为传统车间的人并没有那么大的力量,如果使用机械方法还会很笨重,这使得传统车间的产品容易出现焊接不牢固的问题。

此外,由于对机器人实行了精细的分工,产品的生产过程一气呵成。完成这些工作并不需要操作员去指挥,因为系统早已设置了生产流程,并根据进度不断地下达指令。这些指令都是系统设置的,不需要人工参与。机器人只需要按照收到的指令完成指令中的内容就可以了。

徐工的独到之处,还不止于此。徐工设有一条由计算机程序控制的自动化装载传送轨道——"云轨道"。这条特设的云轨道可直通码头,并完成供货商物料的接收。"云轨道"会通过"云"发出的数据，通过显示屏显示需要卸下来的货物。为了避免差错，轨道上设置有专用托盘，并在上面贴着条码标签。供应商只需要用扫码枪扫描上面的条码，就可以将托盘与物料一对一绑定。随后物料通过云轨道把物料运输到徐工的工厂。物料进入工厂后，会有专门的转运系统进行转运，最终送到设置好的生产线上去。

对于传统生产企业而言，领错物料之事再正常不过。一是员工间对接时产生偏差，二是新手不容易识别相似物料。所以即使再严格的流程，有了人的参与就会出现偏差。这种无法做到精细化管理的工厂，甚至有时会出现大规模领错物料事件。

而在徐工，显然是另一种场景。当新的生产计划从ERP（企业资源计划系统）出来后，会通过MES（执行管理系统）进行局部分解，分解成多个物料配盘单、配盘点。这样，供应商就知道在什么车间的什么位置、送什么物料了。供应商接到配货指令后，会把不同的物料集合在一起，分别打上扫描标签，直至扫描收货。

看似简单的重新设置，却解决了传统企业很难解决的一个问题：按需配送。因为需要是动态的，显然人工无法完成实时配送。而这种云轨道可以实时发出指令，最终完成按需配送流程。

外部的配料完成后，最终通过车间再完成加工，而这里的车间即"云"车间。在这里设有一个总调度系统，管理着所有的数控单体设备和集群设备。

在这个总调度系统中都可以看到这些设备的进展，以便实时管理。当一台车床加工完成后，会自动向调度系统发送完成报告信息，总系统收到信息后，会安排轨道把加工产品送到下一个

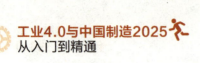

工序，上一个工序也会通过轨道把加工产品送到这台车床上。另外，关于此加工产品的所有工序都会被记录，即每一台车床上在什么时间、做了什么工序及工序完成情况。

在这里，生产工人真正的用场就是质检员，对所有的加工产品进行质量检测。在这里，每个生产工人都有一个智能终端系统。此系统会显示今天需要完成的任务、生产线上的整体任务。质检员根据总调度系统发布的指令去现场检验产品，以判断产品是否合格。

工厂里的机器也充满了互联网"脑细胞"。这些机器上会有GPS定位系统、GPRS无线通信系统、数据库自动识别系统等。

这些系统组合在一起就构成了一个"感知系统"。以往徐工用来服务的汽车出现状况时，往往通过照片、视频发给工程师进行初步分析，中间会频繁地进行信息核对，而这里就不需要。因为这里为机器专门设置有条码，只需轻轻一扫，机器的所有重要信息都会显示出来，例如，客户信息、车牌号码、服务商信息、车零部件的研发与生产信息，在这里都会一览无遗。

在这里维修方案也给的十分快捷，基本就是瞬时间自动完成。当远程诊断和后台知识库无法排除故障时，千里之外的客户服务中心会通过GPS、手机定位找到离故障设备最近的服务车和服务人员，并通过地图导航带领一线服务人员第一时间赶到故障地点，排除设备故障，真正实现由原来的"被动维修"变为"主动检修"。

1.4 无人化工厂集聚区

通过徐工装载机智能基地我们能直观地看出无人工厂的优势。无人工厂要想优势最大化，必须走集群化无人工厂之路。由此无人化工厂集聚区就应运而生。

1984年，日本建成世界第一座试验用的"无人工厂"。以往通常需100名熟练工人的工厂，现只需4人。生产效率一夜间提升至原来的25倍。因此"无人化工厂集聚区"的模式是工业4.0与"中国制造2025"的必然趋势。

1. 剩余价值蓝海：从0到1

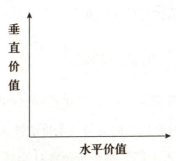

图1-5　水平价值与垂直价值的区别

传统企业的剩余价值来源于企业工人的创造。通过企业工人数量上的叠加，实现剩余价值最大化。这是图1-5中水平价值的表现，复制一般来说，是通过累加去实现规模的最大化，即从1到n。

而工业4.0的剩余价值来源于包括智能机器人在内的制造业变革，这是图1-5中垂直价值的表现，是从0到1的过程，具有极强的颠覆性。

在变革中，"无人工厂"是利润的体现模式，却不是工厂的核心竞争力所在。"无人工厂"的核心竞争力是支持生产过程中的庞大的科研和管理队伍。"无人工厂"的利润来源是这些人创造的，而非负责执行的"无人工厂"。

科研人员为新技术的研发、技术工艺的改进、生产设备的发明创新等花费了大量的高价值的劳动，形成了数量巨大的价值。设计管理工厂内的复杂流程也是高级复杂劳动，具有更大的价值量。这也就是为什么特别指出工厂内的核心竞争力的原因。普通工作者是通过水平价值的重复或复制行为实现价值从1到n的转变。而科研人员和管理人员完成的是从0到1垂直价值转变。两者不在一个起跑线上，价值体现可想而知。

2. "无人工厂"的资本利润

商品价格的产生来源于商品从生产到交换的过程。马克思的《资本论》指出，社会生产的总体剩余价值被认为是全部资本参与的产物。所以"无人工厂"剩余价值在社会各部门、各企业、各个个人之间的分配如果还是以劳动量为标准计算，那必然是错误

的。此时的计算应该以资本为参照进行核算。

所以,"无人工厂"仅有少量的工人直接参与生产过程,并不是靠创造大量的剩余价值作为主要来源。"无人工厂"凭借较大量的资本获得大量的利润,也就是从社会总体剩余价值中分割出高比例的利润。

在创造价值的过程中,马克思把工人和资本的投放比作"活劳动"和"死劳动"。他认为,不管一个产业资本的构成怎样,不管它推动的是1/4的"死劳动",3/4"活劳动",还是3/4"死劳动",1/4"活劳动",以致在一个场合比在另一个场合吸收大两倍的剩余价值,我们所指的只是整个生产部门的平均构成——他在这两个场合都会提供相等的利润。目光短浅的单个资本(或每一个特殊生产部门的全体资本家)有理由认为,他的利润不只是来自他所雇佣的或他那个部门所雇佣的劳动。这对他的平均利润来说完全是正确的。

所以,"无人工厂"所获得的高额利润,主要来源于资本而非工人。

3.无人工厂集聚区的超额利润

无人工厂通过科研人员提供的新技术实现了从0到1的变革。无人工厂要获得超额利润只能通过从1到n的复制模式。要想实现集体利润最大化,走集聚效应模式不得不说是一个好方法。

集聚效应(Combined effect)是指各种产业和经济活动在空间上集中产生的经济效果以及吸引经济活动向一定地区靠近的向心

力,最终导致影响力的井喷效果。

最典型的例子就是硅谷集聚模式,硅谷聚集了数十家全球IT巨头和数万家的中小型高科技公司。在我国沿海一带,诸如制鞋、制衣、打火机等行业都各自聚集在特定的地区,形成一种地区集中化的制造业布局。在北京的中关村则形成电子信息技术的集聚区,中国多数互联网巨头都在那里办公。

以中关村集聚区为例,这里是资本与技术的混合体,有技术的或有资本的人会选择在这里实现自己的目标,当然也包括利润。

集聚效应主要有三点好处,其内容如图1-6所示。

好处一	指向明确的人才会在这里聚集
好处二	指向明确的资本才会在这里聚集
好处三	技术更新也在这里完成

图1-6 集聚效应主要的三点好处

清楚集聚效应后,无人工厂集聚区的超额利润来源也就不难解释了。

有一家工厂以组装汽车为主。A地区在无人工厂里生产汽车发动机,B地区在无人工厂生产汽车玻璃,C地区通过传统人工生产汽车轮胎,那么这家工厂的组装程序会很烦琐,无形之中就造成人才、财力的浪费。浪费的根源一是地区对接产生的成本,二是无人工厂与传统人工对接产生的成本浪费。这些浪费的来源,也是无人

第一章
什么是工业4.0

工厂集聚区超额利润的来源。

我们还以生产汽车为例，当只有少数几家企业拥有"无人工厂"时，这几家企业通过新技术生产的产品成本低于其他用传统生产方式生产的成本。即"无人工厂"产生的价值小于社会价值，在交换的过程中，无形中拿自己的低价值与别人的高价值进行互换。这样的价值之差也是无人工厂超额价值的来源，其实也是不等价交换的根本原因。

马克思对此类的价值交换评论说："如果一个商品高于或低于它的价值出售，那只是发生剩余价值的另一种分配。"无人工厂生产较小价值的产品，而外界给予较高价值的判断，这种有利局面，直接导致生产数量的增加，最终导致商品价格下降，直至超额价值消失。但是正是这段超额价值时期，足以让无人工厂的管理者们赚得盆满钵满。

对于此超额利润，其实是根本劳动时间换算得来的，如果无人工厂生产一个产品需要一个单位的时间，而传统工厂需要两个单位的时间，那么无人工厂的劳动生产率是传统工厂的二倍还要多，因为还有一些隐形的成本。这种换算方式足以支撑无人工厂的高利润（见图1-7）。

| 传统工厂花费2单位时间 | 2单位价值 | 无人工厂花费1单位时间 |

图1-7 不同形式下的时间对比

·19·

1.5 情景感知信息技术

经常坐地铁的人会知道,地铁的座位上到处都是"低头族"。因为他们都在用智能手机去看自己想看的电影、音乐、小说等。而自动感知信息技术,让你不用频繁地去低头关注屏幕,除非你看的是电影。当你回到家里,也不用下载各类烦琐的应用软件,尽管你的手机内存足够大,因为"情景感知"已悄然来临。

"情景感知"技术会成为一种新生代智能手机或"可穿戴设备"应用软件,它通过对搜集到的信息进行分析,然后"推算"你下一步需要做什么,进而帮助你的生活和工作。

当你再次坐在地铁上时,你最常使用的应用软件(电影,音乐,游戏)会自动加载;根据你的使用频率,你的手机上也会自动出现Facebook、微信等应用软件,无需你在手机上来回刷屏寻找它们。

上述只是一些简单的感知技术,而"可穿戴设备"会是下一个10年最火爆的热点话题。因为将来的"可穿戴设备"会具备手机的所有功能,手机的优势慢慢会被取代。

智能手表是最近最热的话题。独立研究公司Smartwatch Group

认为，到2020年20款最具相关应用领域都将是针对智能手表的，其中最为突出的就是个人助手。我们希望智能手表能够以一种情景感知及更高效的方式来管理我们的日历、任务和信息。比如，你的手表依据实时路况信息，可以告诉你什么时候该去参加会议了。

Smartwatch Group对智能手表的发展趋势持乐观态度，公司认为2020年智能手表的销量将达到16亿部，为了能够支持这类情景感知，其中有一半的智能手表将需要网络连接。

1. 为何是可穿戴设备

Lifesum公司CEO亨利克·特斯泰森说："可穿戴设备将成为情景感知平台最为重要的数据来源之一，可穿戴设备配置的感应器将突破智能手机感应器监测功能，尤其是在健康和物理数据方面。基于人类行为模式和特性，持续的数据积累将会为我们带来更为准确、复杂的服务。"

情景感知设备会走进我们的生活，因为它能大幅改善我们的生活质量，所以会慢慢为人们所接受和欢迎。因为这类智能科技能准确判断我们是否需要去游泳馆，是否需要调整我们的作息习惯，是否应该增加运动量，甚至可以判断我们今天的饮食是不是完美。

情景感知技术离不开环境识别，具体到应用上就是图片识别。因为情景感知设备搜集的数据是以图像形式存储的。在这一领域做得比较出色的就是Slyce公司。这是美国一家虚拟搜索平台公司（见图1-8）。

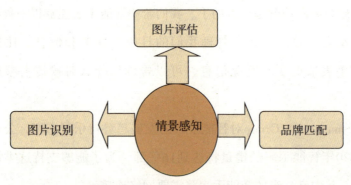

图1-8 情景感知技术

Slyce公司总裁埃尔芬拜因（Elfenbein）认为："Slyce使用自己研发的图片识别技术，能够识别情景感知设备所采集的移动图片，Slyce通过设置的程序去评估收集到的图片的属性，并将它们和与之特性最接近的零售品牌相匹配。"

这种技术对零售业帮助十分明显，例如在沃尔玛公司（Wal-Mart Stores, Inc.）的零售店里，用户可以使用智能手机对店铺中的上衣进行拍照，然后应用软件会打开这个商品所在网站，并向你发送折扣优惠券，或者展示此上衣的生产流程及搭配建议。

此外，埃尔芬拜因还提及了Slyce一些潜在功能。比如，你可以拍摄自己的头像照片，然后就会知道自己的头像选择那种发型比较好；或者你可以拍摄需要维修的冰箱，然后你可以获得离你最近的维修点及维修工作人员的信息。

未来的情景感知搜索主要通过对物体进行拍摄，以获得与物体相关的信息，比如，你拍摄一瓶可乐时，你就能知道它的价格、生产日期，同类饮料的比较参考，以及为此产品所做的宣传片等。

2. 私人定制你的情景感知设备

情景感知技术的功能如此强大，我们需要做的不是增加其功能，而是"删除"和"进化其功能"，以适应"个性化"的生活。大数据时代意味着，我们搜集信息的成本变得越来越便宜和方便。但是对于一个独立的人来说，需要有一些自己专用的功能在里面才好。

1991年出生的美国人气偶像艾玛·罗伯茨（Emma Roberts）在网上购买一双时尚鞋子时，情景感知技术就能让客服人员知道艾玛·罗伯茨此前在网店上所浏览的鞋子颜色，她的在线消费习惯，以及当前她所处的地理位置和天气条件。如果她那里正在下雨，就可以向她推荐最新款雨靴；如果她那里天气很好，就可以推荐清凉的水晶鞋。

如果她此次浏览商品后，并没有购买商品，那也没关系。客服人员可以根据近两年的浏览数据分析她最近的状态，然后把推荐的商品发送到其邮箱里。如果通过检索发现艾玛·罗伯茨最近要参加一重大活动，那么与此活动相匹配的着装，都会通过电子邮件发送给她。

如果销售人员知道自己的客户在何时、何地，需要什么样的东西，那还有什么商品卖不出去呢？这就比如，一家女服装店的女老板，在你还未走进她的商铺时，就已经知道了你的年龄、身高、最近消费记录、购物习惯，那她在向你介绍产品时，是不是很有针对性了呢？

上面的案例是针对商人的，下面的则针对我们个人，因为情景感知应用就是为了方便我们的生活。

现在你手上有50万美元，你想用这笔钱买一辆超级跑车，你不需要亲自到销售商的店里去试驾，你只需要在可穿戴设备上安装一款应用。这款应用能带你体检"真实"的试驾，比如，它知晓你的身高、体重，知晓你是不是左撇子，知晓你的身体是不是能支撑超级跑车的速度，知晓你喜欢的颜色、马力等，最终通过你发出的虚拟指令完成最终的试驾里程。这听起来很简单，但是需要技术研发人员不断地去了解你的需求，以便为你定制一辆让你满意的超级跑车。

1.6 GIS数据运算技术

Esri作为全球最大的地理信息系统（GIS）技术与服务提供商，当然也是GIS技术的领头羊。其公司总裁杰克·丹杰蒙德（Jack Dangermond）为我们描述了下面的一个场景。

许多人家中都有一个温度控制器，因为它可以监测温度的变化，并通过温度控制器调整室内温度。如果我们下班到家的时间比较固定，那么我们回到家室内温度不是太热也不会太冷。但是有一天，我们提前下班了，这时问题就出现了。

温度控制器是不会提前进行提醒的，如果现在恰是冬天，房间会偏冷是正常的。如果你的智能手表或手机与家里的温度控制器连接起来，你可以利用GIS在你的工作地点周围建立地理坐标。这样提前下班出现的问题就可以解决了，因为你的智能手表或手机会触发地理坐标并给家里的控制器发送指令，以提前将家里的温度调至适宜温度。这就是GIS的神奇之处。由此，我们不得不对GIS的原理做出解释。

GIS是Geographic Information System的缩写，意为地理信息系统。其主要由四项构成：数据、硬件、软件、过程，即精确的数据保证分析的结果正确，硬件提供必要的运算速度及输出方式，软件包括绘图、统计、数据库等处理工具，以建立必要的三维模型，过程是为了生成可验证的结果（见图1-9）。

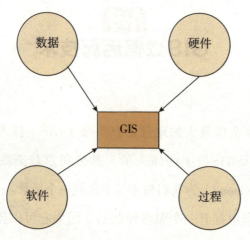

图1-9　GIS的四项构成

此外，地理信息系统（GIS）与全球定位系统（GPS）、遥感系统（RS）组成强大的3S系统。与其他两大功能不同，GIS主要优势是在于空间识别，即空间分析能力。常见的系统只能回答一些简单的问题，如What（是什么）、Where（在哪里）、How（怎么样）等。这些只是表示结果或状态，无法解释其原因为什么（Why），而GIS通过对空间数据的分析，建立自己的多维度模型，并进行一定的分析判断。

显然GIS具有很大的潜力，Esri曾在沃尔沃汽车上做了一个试验。Esri在1000辆车上面安装智能GIS系统，这些车辆间可以共享路况信息，如果一些路段出现打滑事件，其他车辆可以绕开这个路段。之前，如果想要做到这种结果，需要通过手机人为发送信

息,而在这里通过GIS系统就可以解决。

早在2012年,Esri公司就通过实际操作证明了GIS的巨大威力。因为那年发生了一起超级飓风"桑迪"事件,公司利用GIS收集大量地理标签并加以归类分析,最终锁定电力中断地图。经过大量数据分析,绘制出曼哈顿整个地区的电力故障地图。类似这样的案例还有很多,共同特点是通过很低的成本,解决了一些动用成百上千万美元难以解决的问题。

GIS下一步需要解决的一个难题就是预测性。尽管现在进展相对缓慢,但绝对是将来发展的一个重要方向。因为此前GIS总在事情发生之后,解决的时候才用到它,而现在工业4.0却要求GIS具有预测性。例如,有一段路段下雨过后,车辆容易出现打滑现象,那为什么非要有一辆车经过后,才确认其是打滑路段呢?GIS这时的功效就可以发挥出来了。通过对下雨数据进行统计,结合历史数据,GIS对打滑路段的预测准确性可以超过95%,尽管目前还没有实现这一结果,但万一实现了呢?因为工业4.0的时代是大数据的时代,一切不可预知的事情变得可以预知。这意味着我们可以预见未来。

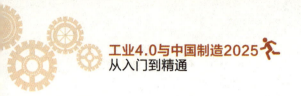

1.7 一键定制你的私人专属汽车

在工业4.0时代，如果需要一辆"蓝色巨人版"轿车，你只需要打开手机上的智能汽车的App，就会看到屏幕上大到底盘、小至坐垫的汽车部件，而且可以自己设置它们。当然，如果你是个简约的人，那么你只需要选择"简约"二字，系统就会为你推荐一系列的简约方案，你只需要轻轻一点，轿车就定制完成了。

如果完成这些你觉得很简单的话，那我们再说些汽车的生产流程。现在一些优秀的汽车生产厂家，已经可以做到多种车型的混合生产了，因此每台生产出来的车都是有差异的。混合生产与批量生产不同，因为混合生产容易损失生产的时间和物料，但是这个时代是"私人定制"时代，每一位用户都希望自己与众不同。

那如何才能做到"私人定制"呢？既然每一台车与其他车都不同，那就要从汽车设计的标准化、平台化和模块化做起，一个环节出错，所有流程都会被打乱。在工业4.0工厂的生产线上，你可以看到，尽管要生产的车型和型号都不一样，但是所有承载车身的工装是一致的，即不同的车型和型号完全可以通过一条生产线来实现生产。

由于客户的需求具有多样性,生产线必须具备生产个性化、小批量的能力,这时就需要引入标准化生产模式。这种混合生产的标准化需要从细节进行严格的把控。只要在生产过程中把握住不同产品的所有关键尺寸,就能实现最终的混合化生产。

平台化和模块化分离为小批量混合生产提供了可能。例如,生产两种不同型号的保时捷,就可以共用同一条生产线,因为它们装配时大部分的模块也是通用的。这样既可以通过模块的选择搭配来生产多种满足不同用户需求的差异化汽车,又可以让模块的数量大大地减少(见图1-10)。

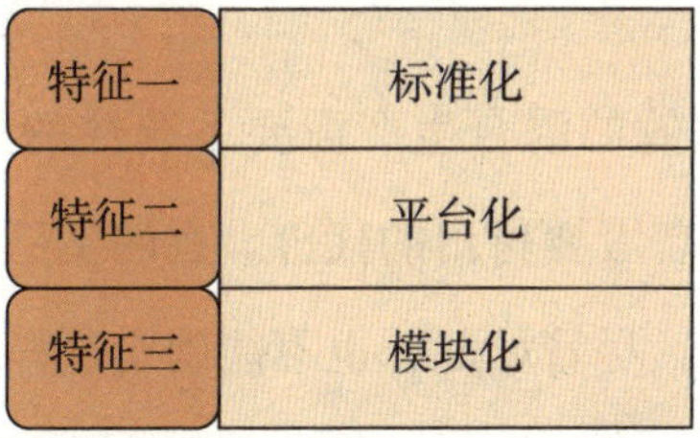

特征一	标准化
特征二	平台化
特征三	模块化

图1-10 混合生产特征

对于定制生产,有一个最严重的问题就是按需生产。因为客户的选择多种多样,物料必须按需供应,否则就会导致原材料的浪费。日本丰田在物料控制方面很优秀,我们不妨参考一下。

准时生产(Just In Time简称JIT)模式由丰田提出。其宗旨是:"在需要的时候,按需要的量生产所需的产品"。这意味着必须通过生产控制,实现无库存,或库存达到最小的生产系统。丰田设计生产的时候,是把生产汽车所需的工序从最后一个工序开始往前推,由此确定前面一个工序的种类,并依次提前安排预先设计的生产流程,根据每个环节所需库存数量和时间先后来安排库存,最终实现物料在生产流程上毫无阻碍地流动。

要实现混合状态下的准时生产，必须按照准时生产方式来解决物料设计。为了满足个性化多品种的生产方式，需要的物料就必须一对一地事前准备好。当一个新的订单产生的时候，系统就会用极短的时间做好物料安排，随后再通过物流将所有的物料关联在一起。尽管这些物料安排之前分散在生产线上、仓库里、供应商那里，到最终会在一辆车上相遇。这一切都是通过系统精确计算，并对进度随时跟踪，最终实现所有的物料按照订单的配置准确组装。值得一提的是，连物流送达的时间都有详细规定，以保证每辆车的进度。

当然，如此高效的混合生产需要系统性的规划、设计、开发和实施，这就是生产者要付出的代价。有的工厂在系统上的投放超过上百亿元人民币，尽管如此，也不能确定这样一个复杂的流程万无一失。为了实现万无一失，对供应和生产流程进行仿真设计必不可少。

比如，丰田汽车公司工厂的生产流程采用了仿真设计，并进行大量的测试，以优化整个生产过程。当在测试中出现异常的时候，工厂随时进行改进。此外在物流和生产线的设计上更是反复研究，以期找到最优的解决方案。

如此庞大的研发成本，如此任性的私人定制轿车，价格会高吗？NO，价格甚至还会低30%。随着工业4.0的到来，无线射频技术、影像识别技术、机器人生产技术等都会慢慢在工厂里出现，工厂与消费者可以直接对接，省去销售和流通环节，消费者会发现所购买的物品其实会便宜不少（见图1–11）。

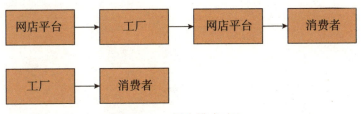

图 1–11　平台模式对比

不仅如此，工厂还为我们节省了时间。现在我们买商品，通过像淘宝、京东这样的网店，实现与工厂的对接。而在工业4.0时代，这类的平台会慢慢消失，因为智能工厂可以给定制商品一个更低的价格。消费者在手机APP上定制自己的轿车时，直接跃过网店平台，在时间上、物流成本上都占据优势，一个"省钱就是赚钱"的年代，多赚点有什么不好呢？

第二章
"互联网+"与工业4.0

工业4.0建立在"互联网+"的基础上,工业4.0需要融合制造业的物理世界与"互联网+"的数字世界。通过去中心化的平台实现资本、技术的跨界。在未来的10年,淘宝、华强北电子市场等平台商会慢慢消失,这一章会告诉你原因。

2.1 物理世界和数字世界的融合

2015年3月,国务院总理李克强在《政府工作报告》中提出:"制定'互联网+'行动计划,推动移动互联网、云计算、大数据、物联网等与现代制造业结合,促进电子商务、工业互联网和互联网金融健康发展,引导互联网企业拓展国际市场。"在此次报告中,"把一批新兴产业培育成主导产业"被第一次提及。

"互联网+"显然是我国近年要发展的方向。因为"互联网+"更能让传统行业与新兴行业进行融合,其实归根结底是物理世界与数字世界的融合。不仅我国如此,其他国家也一样在"互联网+"的路上火速行进。

通用电气(GE)、美国电话电报公司AT&T、思科(Cisco)、IBM和英特尔(Intel)联合成立工业互联网联盟,成立此联盟目的是促进物理世界和数字世界的融合,为"互联网+"和工业4.0提供技术支持。无论是政府还是公司都在为"互联网+"和工业4.0提供平台,显然都是为了连通物理世界和数字世界,那么连通后的物理世界与数字世界又是什么样的呢?答案就是工业互联网(见图2-1)。

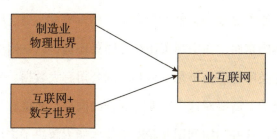

图 2-1　工业互联网的两大构成

对于政府来说，这可以改变人类的生活方式，还可以提供就业岗位。美国商务部部长潘妮·普利兹克是这样说的，通过将物理对象与网络空间的全部力量相连接，工业互联网有望大幅改变人类与技术的互动方式，并把工业互联网产品和系统转化成智能制造、卫生保健、运输和其他领域的新就业岗位。这就是包括"互联网+"、工业4.0在内的通过技术变革实现生活水平提高的方法，这和第一次工业革命、第二次工业革命、第三次工业革命一样。唯一的不同点就是目前我们所做的努力都是建立在前三次工业革命的基础上。

百度创始人李彦宏这样解读"互联网+"，他说："所谓'互联网+'，就是任何一个垂直行业跟互联网进行结合的话，效率会有很大的提升，尤其是对于中国而言，我们的市场经济只有几十年的历史，我们传统产业和主流产业的运营效率跟美国等发达国家相比还是有差距的，在这样的情况下用互联网的方法重新做一遍，我们有可能能够超越其他的国家，使得各种产业变得更有效率。"

要实现"互联网+"和工业4.0必须选择一个路线：拥抱大数据。因为打通物理世界与数字世界离不开对大数据的挖掘。鉴于此，李彦宏把我国的物流业与美国的物流业进行了数据对比。他说："中国的物流成本占GDP的18%，美国占8%。我们的物流成本太高，其原因是效率太低，公路上的货车有40%是空跑的。所以为什么同样的东西，在中国买比在美国买还贵，就是因为中国运输成本高。这类问题恐怕不是一个互联网公司有大数据、有计算能力就可以解决的。需要对这个行业有深刻的洞察，才能够知道你要解决什么问题，这些问题利用互联网的技术能力解决了之后，整个产业的效率才会提升。"

事实正如李彦宏所说，尽管这个案例不是物流业的，但是比物流业的案例更有参考价值。在目前智能时代，通过Apple手机拍下产自佛罗里达的柑橘，然后通过系统估算出它的热量，进而监控用户一日的进食状况。这从概率的角度来讲是可以实现的，因为你买柑橘时不会挑一些不熟的或快要变质的。但是这种方法只是通过对柑橘外表颜色进行估计，所以误差还是相当高的。

对于上述情况，以色列团队开发出一款分子扫描仪Scio。Scio小如一只U盘，但其功能与U盘有着天壤之别。Scio在对柑橘进行扫描时，会射出一束蓝光来检测并锁定柑橘内的振动频率，这个振动频率被科学家称之为"化学指纹"。然后通过手机APP，向你解析柑橘的内在成分，包括准确的热量和糖分含量，而且还能检测出药物残留等。

这样你去水果店只需要拿着小小的Scio轻轻一扫，就能检测水果是不是足够甜，甚至你也可以像选女朋友那样，挑出一枚果肉"颜值"足够高的柑橘。这就是物理世界与数字世界深度融合的情景，一切如你所见。

2.2 云端化：无限容量的虚拟世界

早在3年前,"云"服务就已打响,互联网巨头们推出的"阿里云""百度云""腾讯云"等一度备受欢迎,因为轻则送1T（1TB=1024GB=1024×1024MB）容量,重则送30TB的容量,360安全卫士更是突破常规送去理论上可达无限TB的360网盘。这一切都是免费的,与5年前的免费1GB邮箱相比,这简直是互联网巨头们送给大家的"霸王餐"。

所以云端化对我们来说,是无极限的容量。云端如此"高大上",那我们就解析一下其原理,图2-2是云端设计原理演变图,让我们看看存储怎么实现无限容量的。

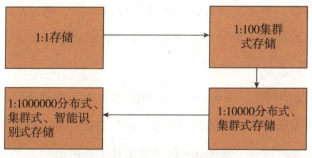

图 2-2 云端设计原理演变图

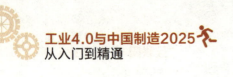

假如"百度云"要为1个用户提供10TB的网络存储空间,用户量以2亿计,那百度要准备服务器为这些用户提供多少存储空间呢?100T×2亿吗?当然不是。

用户得到10T存储空间后,可能只需要其中100GB就足够了。那余下的空间就等于浪费掉了。百度的强大工程师团队就要在设计上做了改进。为了更直观,我们将1TB折算成1000GB,那么10TB就够100人用了。这样就减少了99%的资源浪费。为了更保险一些,再提供1T容量作为保障。

如果1000个10TB容量规模的服务器,都设置有10%的容量保障,那等于产生10%的浪费。工程师们发明了存储集群模式,使一个用户的数据可以被分配在多个服务器上存储,那么就没必要在每个服务器上预留出应急的空间了,甚至可以充分地将前一个服务器存储至100%后,再往下一个服务器上存储,这样就保证了服务器空间的最大利用。

工程师们通过监控数据发现,分给用户100GB的容量,也不是一个月就用完的,有的甚至用了半年才到50GB,这样其实也造成了资源浪费。于是工程师们又改进了设计方案,将用户所需要存储的文件存储在不同的服务器上,这样就形成了分布式、集群式存储。

100TB的容量,由可以满足1000位有100GB容量用户,变为10万位。因为所需要的存储空间不是一蹴而就的,加上分布式、集群式存储的运作模式,减少99%的浪费还是十分值得的。

万能的工程师又发现,小明与贝贝分别上传了TFBOYS的单曲

《魔法城堡》，50万个像小明一样的人和50万个像贝贝一样的人使《魔法城堡》的下载量达到100万，那么是不是可以把这100万份《魔法城堡》的存储空间变成一份呢？当然，工程师不辱使命地实现了。

此外50万个像小明一样的人和50万个像贝贝一样的人又下载了TFBOYS的单曲《青春修炼手册》，只是小明与贝贝分别把存储名字命名为《青春修炼手册》和My Love。工程师们通过MD5及一些其他技术识别出两者为同一首歌，只是名字做了变更。那么万能的工程师又把这100万份存储空间变成了一份，只是在小明与贝贝的存储里分别显示《青春修炼手册》和My Love。于是一项能最大压缩存储空间的分布式、集群式存储、智能识别式的"百度云"就出现了。

"云端化"就是上述这些吗？当然不是。这里的"云端化"不是局部，而是全盘"云端化"。

索格塔克技术公司曾在纽约市举办了一次"云技术商业峰会"。在硅谷给出的新解决方案中，全部是全盘"云端化"的思路。

我们以美国最大社交软件Facebook为例，全盘"云端化"使Facebook软件不需要安装到手机或计算机上，只需要用谷歌搜索到Facebook登录界面即可。那么手机上安装的50MB至100MB的软件就显得那么多余。尽管这么做并不损害软件提供商的利益，因为以往他们可以轻松稳定地获得软件授权使用的收入，而"云端化"后他们每月却只能收到微薄的软件认购费。

为了得到确切的数据，方便进一步研究，IT Channel Insight网站做了一次定性调查。调查采取抽样的方式访问了16家IT行业中最大的软件提供商代表。调查结果显示，近80%的代表认为将软件放在云计算平台上并不划算，全盘"云端化"只能作为补充，而非主导地位。

这些代表如此考虑，也是不得已而为之。因为如果全盘"云端化"，他们必须投入数亿美元进行升级，显然这不符合这些大企业的眼前利益。

美国信息系统审计与控制协会（ISACA）做了一个专门研究，发现了重写应用程序以令其能在虚拟环境中操作的成本、数据重组以适应软件服务商固定格式的成本、设置联合身份及访问管理的费用以及云系统操作所带来的安装实施成本。上述费用计算只是保守计算，实施的时候还会有至少超过20%的成本。因为软件供应商要支付额外的宽带成本、内部培训费等，这无形中推高硬件的开销。

历史告诉我们，潮流只有顺应，而不能阻挡。尽管这些软件供应商不愿意做出改变，但是又不得不做出改变，因为他们不主动改变，市场就是别人的了。大势已定，"云端化"如今也成了要接受的选择。

"Cloud-Paging"应用是由美国Numecent公司设计出来的。这款应用可以在不需要任何编译的情况下即时使将任何软件云端化，当然这也包括电脑或手机所装的系统。这项设计使人们的计算机和手机操作系统所占的内存为0。这使得较低配置的电脑或手机也能够轻松快速连接互联网。此外，它在速度上也十分出色，与安装应用软件的速度不相上下。它做的远不止这些，它可以装一个智能手机变成一台服务器，这意味着很多像平板电脑这样的设备也可以通过智能手机运行各种软件。尽管"Cloud-Paging"有些地方做得并不是那么完美，但给我们带来了启示。

云服务时代，只要有网络，一切就能得到很好的解决，至于像电脑、手机之类的硬件其可取代性会越来越好，因为人们并不一定非要通过电脑和手机与互联网进行连接。对于这次云变革，互联网巨头Facebook、QQ、微信、百度等都会做出改变，因为潮流如此，要想站在风口，必须选择顺风。

2.3 去中心化:"渠道为王"已是过去

"风口"是让猪飞起来的源动力,无论后来跌在路上还是正走在路上,至少曾经飞过。在"互联网+"时代,"风口"是什么?不是情怀,而是流量入口。

经常使用微信的小伙伴们都知道,微信的入口也在"去中心化",其实整个移动互联网亦如此。"去中心化"作为"互联网+"时代的主要特征,整个"互联网+"领域都在走"去中心化"路线。在"互联网+"的场景下,尽管微信赚足眼球,但各家APP有各自的市场,"互联网+"的入口不可能被BAT(百度、阿里巴巴、腾讯)这类大佬们独占。

1. "互联网+"的入口是多梯队的

如果你想在三更半夜用陌陌搜附近的人,你第一步需要做什么?

答:安装陌陌软件。这是一个错误的答案,因为你第一步需要有个手机或电脑。这就是使用"互联网+"的最基本硬件,当然可穿戴设备等这类"高大上"的设备也是。在这方面做得最好的当然是小米的创始人,号称"雷布斯"的雷军。小米手机的成功已经证明硬件可以成为移动互联网的基础入口;无论是BAT、360,还是传统行业格力都在智能硬件上做自己的生态布局,因为这是互联网根本入口,也是流量产生的源头。

第二梯队就是如360公司一样的安全软件,以及像苹果一样的应用商店。手机安全在所有软件中是最底层的软件,应用商店则是把流量集中到这里,然后再分发。

第三梯队是QQ、Facebook、微信、百度地图等超级APP。这些APP拥有惊人的用户量,大量的用户每天都要把自己的时间花费在上面,尽管这些APP变现渠道并不是那么顺畅,但是各公司的股价已经证明他们有巨大的变现潜力。

第四梯队就是用户量并不是那么大的应用工具,如美图秀秀、365日历、大姨吗、手机壁纸、脸萌等,这类应用满足了特定用户的刚性需求,不仅拥有海量用户,而且用户群相对稳定(见图2-3)。

图2-3 "互联网+"入口的不同梯队

2. "互联网+"的入口是多元化的

在台式机电脑盛行的时代,浏览器、即时通讯、安全领域等都成为了入口"神器";而在"互联网+"的时代,小米手机、谷歌操作系统、苹果应用商店、QQ安全中心等工具类应用成了新的

入口。我们发现这些有手机厂商、操作系统厂商应用商店、安全软件、浏览器、即时通讯等，这意味着"互联网+"时代的入口呈多元化态势。在"互联网+"的时代，移动终端、用户使用场景、用户需求的多样性，决定了移动入口的多元化。

打开朋友们的手机，你会发现他（她）们手机里往往装着超过10个以上的APP，有些是手机自带的，有些是自己根据喜好安装的。另外你还会发现，微信、QQ、安全卫士、地图类的应用都会安装，并且很少删除。因为在"互联网+"的时代，这是一个像衣食住行一样的必需品。马云曾说过，当你的产品达到了一定的用户量级，你的产品就是一个入口。即无论是什么类别的APP，都有可能成为一个新的入口。

3. "互联网+"入口的碎片化

据艾瑞咨询《2014年中国移动互联网用户行为研究报告》：高效率使用智能手机的用户达到67%，超过10%以上的使用场景为逛街购物、上厕所或洗澡、外出游玩、上下班途中、上班休息时、等车无聊中及下班后在家里。这意味着"互联网+"入口已经真正进入人们的生活。

当人们拿着手机玩APP应用时，玩的时间并不长，而是频繁地在不同的APP应用上切换。用户在漫无目的地度过等待时间、无聊时间、琐碎时间等，其实这些时间足够让互联网APP的公司们发挥的了。由于此类应用使用时间是碎片化的，应用的种类最好是碎片化的：这也符合"长尾理论"的特征。这些应用渗透在我们的日常生活中，类型不计其数。这也决定了移动入口不会被几款APP霸占，决定了"互联网+"入口的碎片化。

既然"互联网+"带着明显的"去中心化"特征，那些长期占据渠道的BAT们，只能顺势而为。

我们以百度为例，百度不可能完全垄断和控制整个"互联网+"。百度不仅需要控制安全、应用商店、浏览器、通讯工具，还需要在各个领域控制和影响诸多APP。而这种控制可分亲力独资、参股、投资等多个层级，百度不可能完全控制住整个互联网，很多时候这种控制也可以理解为一种双方的合作（见图2-4）。

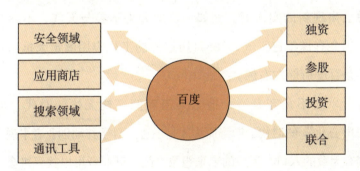

图2-4　百度的转变

我们从百度两个月的动作就能看出它的开放模式。2015年3月，百度出资1亿美元，投资二手车在线交易服务提供商优信拍；4月由百度投资51用车和天天用车，又全资收购了安全企业安全宝，投资了智能点餐平台客如云。

百度的模式就是为了"去中心化"，百度不愿事事参与，更愿把一些决策的事主动交给合作的公司。当然百度明白，这种模式也是迫不得已，因为如果百度不这样做，那么很快就会有竞争对手做。对于这一点，微信和陌陌就是一个很好的例子。

陌陌在2011年成立，2014年陌陌登陆纳斯达克，时隔仅3年，让业界震惊。微信于2011年正式推出，如今用户已经破5亿。尽管陌陌体量无法与微信相比，但是陌陌为用户提供了一个交流入口。微信火了，因为依托于万能的QQ帝国。马化腾赢了这一局，因为他推出了微信。如果微信不被推出，类似陌陌这样的公司也会推出具有微信主要功能的社交软件，可能到时名字会不一样，但是其核心是一样的。

由此来看，百度的做法还是值得称道的，因为把潜在的对手变成帮手，无论如何都是一件好事。如果不如此做，超级APP之外总会出现新的闯入者，例如，百度如果不参与天气、不参与日历，仍会有像墨迹天气、365日历这样的工具应用圈走大批用户，这不是百度所能左右的。

所以这不是守着一个搜索渠道就能高枕无忧的时代，而是"去中心化"的时代，顺势而为才是王道。对于移动创业者来说，移动端有无数的入口，无数的未来想象空间。创业者可以找寻机会，先做先试，才可能在未来移动互联的市场中分得一块蛋糕。移动创业者也可以在不同巨头、不同投资者间纵横捭阖，找寻一个最佳发展道路。

移动互联网的"去中心化"特征特别明显，这意味着任何企业或应用不可能完全占领市场。例如，社交软件有微信也有陌陌，打车应用有快滴，也会有其他竞争对手。像百度旗下的天气、日历类应用，市场上也有很多，例如，墨迹天气、365日历。因此，不管是微信的"去中心化"，还是创业公司的进阶，其实都是顺势而为。

第二章 "互联网+"与工业4.0

2.4 雷军的四驾马车给我们带来了什么

与传统企业创始人相比,小米手机创始人雷军是个"不务正业"者,这是许多崇拜者对他的褒奖。饥饿营销是雷军的独到之处,但号称"雷布斯"的雷军远不止于此。纵观互联网企业都在想尽一切办法黏住用户,而雷军却想了更多。

目前,包括百度、阿里巴巴、苹果、腾讯在内的互联网巨人们都在布局自己的生态。雷军的布局与之相比并不逊色(见图2-5)。小米手机的销量一直在大幅度增长,至今年的第二季度,小米手机销售量为3470万台,同比去年增长33%。在2015年智能手机市场增速放缓的情况下,小米能在去年6112万总销售量的基数上保持33%的同比增长,可以说跑赢了大市,交出了一份极为靓丽的答卷。

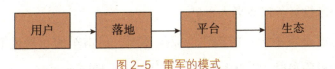

图2-5 雷军的模式

小米的数据远不止于此,小米已连续五个季度居国内手机销量第一。2014年小米公司共销售6112万台手机,增长227%,含税收入743亿元，增长135%；2013年小米销售手机1870万台，增长160%，含税收入316亿，增长150%。

这就是任性的小米交给大家的数据。在以往，如果一家公司做到这个地步，就会不断地重复，因为用户规模这么高了，再提高些销量就成了。然而小米不会在此止步，因为对小米来说，这只解决了用户问题，而没有解决用户落地问题。

对于落地问题，小米更是加足马力。小米的智能硬件早已提前入场，如小米移动电源销量已居全球第一，年销量过千万；小米手环位居全球第二，销量已破700万；小米智能路由器也是行业第一，销量超过200万。这些庞大的销量与小米手机一起构成一道牢不可破的防护网，足以长期把握小米手机的市场。

小米的布局在速度上一直很给力，一系列的投资让人眼花缭乱。在智能健康方面，小米向华米投资3500万美元，向血压计制造商ihealth投资2500万美元；在手机配件方面，小米向加一联创投资千万，投资紫米科技；在智能出行方面，小米向平衡车制造商Ninebot纳恩博投资8000万美元，向蔚来汽车投资过亿；在智能家居方面，直接或间接投资电视盒子、净化器、智能插座、智能灯泡、智能家庭套装等，以图抢占用户的客厅；在中老年智能硬件方面，小米投资了21克老人手机。

这就是雷军构造的构建产业生态圈，但雷军的布局远不止于此。对战争来说，军队与物资是打仗最核心的两个方面；对于企业来说也是如此，必须有钱、有货，否则要么死于现金流、要么死于没有竞争力的产品。小米的产业生态圈为行业提高了准入门槛，但是小米的扩张就需要庞大的现金流，如此看来，小米要在资本上发力就成为必然。

雷军现为四家公司上市公司的董事长，这四家公司分别是金山软件、欢聚时代、猎豹移动及迅雷。多年的积累让BAT多了一个强大的对手或帮手，因为四家公司构成了雷军的"四驾马车"，无论雷军如何低调，都不能掩盖其强大的实力。此外，拉卡拉、凡客诚品和乐淘、移动浏览器UCWeb、医疗信息网站好大夫在线等都有雷军的身影。如果您也购买了小米手机，小米预装软件中，UC浏览器、金山词霸、多看、米聊、凡客、金山快盘、YY语音、WPS等软件都做了内置，见图2-6。这也是我们为什么相信雷军以小米为核心，带领四大上市公司以及数十个生态链企业完全可以与BAT一样跨入第一阵营了。

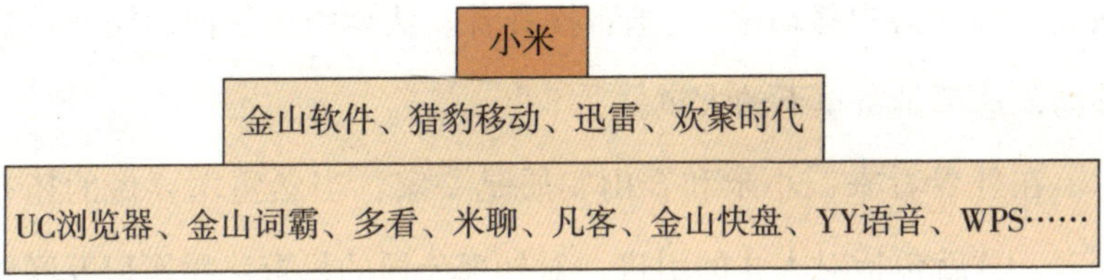

```
                   小米
       金山软件、猎豹移动、迅雷、欢聚时代
UC浏览器、金山词霸、多看、米聊、凡客、金山快盘、YY语音、WPS……
```

图 2-6　雷军的多层布局

雷军是"互联网+"下的"雷布斯"，许多人都好奇"雷布斯"如此操作，理论根源到底是什么？"互联网+"的时代，要想让一款产品取得最终的胜利，那是很难的，必须有谋篇布局，采取集体作战的方法。

雷军喜欢下围棋，在投资的企业中，雷军的"金角银边"围棋理论得到了充分发挥。雷军把移动互联网比作金角，以电商为银边，如此操作便避开了与百度的搜索、腾讯的社交、阿里巴巴的电商三大巨头的直接竞争。在此前提下，雷军以小米为核心，投资乐讯、UCWeb、凡客、乐淘、尚品网等多家公司，这使得小米的纵深布局得到完善。

此外，提起雷军的对外布局，不得不说一下雷军的内部布局，这个显得更全面。1992年雷军加盟金山，并作为其CEO，带领公司在香港上市，其间雷军年龄从23岁变为38岁。随后雷军经历从离开到回归的过程，重新执掌金山，所以有人说金山的行为背后一直有雷军的影子再也合适不过。此外，在2012年，金山软件与小米达成一项股权出售协议，金山旗下子公司金山云将9.87%的股份出售给小米。2014年年初，小米2000万美元投资入股金山旗下游戏研发工作室西山居。同年4月，小米、金山软件成为金山旗下独立分拆的猎豹移动IPO的基石投资者。从金山云到西山居和猎豹移动，这都是雷军下的大棋。

在外界看来，小米和金山实质是一家，当然雷军要做的还有很多，这就包括对人才的引进，对外来公司的投资。雷军以互联网思维去做小米生态，以"软件+硬件+服务"构成自己庞大的商业版图。

如雷军看中多看科技创始人王川的能力，随后收购多看科技，由王川负责小米盒子和小米电视方面的业务。雷军又联合迅雷、小米电视、小米盒子乃至小米手机以抢占用户的客厅。

雷军在国内做得风声水起，在国外也没有闲着。小米投资了以色列一家做体感追踪技术的公司Pebbles，以将这项技术运用到自己的平板电脑、小米电视等多条产品线中。这一系列的动作，雷军完成了产业生态圈和资本投资圈两大战略布局。许多互联网大佬都认为，雷军总是投入一个子，就能够创造未来，从小的角度切入，最后到中间。

纵观雷军的经历、行为，不难发现雷军的资源整合能力。这也是"互联网+"带给我们的商业模式："跨界打劫"。用本行业的经验、积累参与到相关度低的行业，通过整体运作，实现利益的最大化。

2.5 消失的集散平台商：深圳华强北电子市场

在谈论深圳华强北电子市场之前，我们先看一个缩影：中关村。对中关村来说，1999年是个值得庆幸的日子，因为太平洋数码大厦、硅谷、海龙电子城落户在中关村的电子市场，当时日客流量高达20万人次。2000年到2006年是中关村电子市场的黄金阶段，随后市场增长率出现大幅下降。2011年，中关村太平洋数码城倒闭，意味着中关村电子城模式的没落。如此大的变化，皆因电子商务时代的来临（见图2-7）。

原因一	技术门槛低
原因二	无核心技术
原因三	高投入低回报
原因四	产品升级成本过高

图 2-7 "山寨机"倒闭原因

与中关村电子城的零售模式不同，在深圳华强北电子市场是批发模式。深圳华强北电子市场作为亚洲最大的电子产品集散中心，在辉煌时期，曾云集2000多家与手机相关的商铺，年销售额过3000亿元。在这里你可以定制你想要的手机外观，同时又给你很低的价格，因为这有可能是"山寨机"。

曾经一平方米转让费超10万元的商铺，现在无人问津，同时，大量电子厂商的倒闭更加重了这一状况。许多商家因为手机大量滞销，出现利润大幅下降甚至亏损的情况。

一位姓刘的商铺店主更是大吐苦水。他说："5年前我一直做山寨手机，而现在的市场则要求必须做智能手机。可如果做智能手机的话，投入会特别大，另外利润空间远不及之前的山寨手机。"喝了口水，他继续说："转型也不是不可以，不过现在大量的库存难以及时变现，并且越来越不值钱。"

现在这里的山寨手机早已消失殆尽，究竟原因是什么呢？短期暴利。由于当时技术门槛低，少量投资即可拥有一个工厂，但是这种模式有个局限就是靠低价致胜意味着低利润率，市场一有风吹草动，工厂就要转型或倒闭。有经营者说："过去好的时候一天能卖600多台，现在一天10台就不错了，一个手机的利润有时还不到5块钱，还不如卖鞋、卖袜子的赚得多。"

经营者如此说，是有数据支撑的。建一条小的手机流水线，投资约70万元，一年可生产手机约5万台。普通智能手机出口价格600多元，而利润只有30元左右。这还不算设备更新、市场竞争的因素。早年的薄利多销，因为竞争压力小，完全可以实现。而现在即使保本销售，还销不掉。

因为有些智能手机品牌很强，以至于门槛达到数十亿元的级别，这使得小的厂商无法与之抗衡。苹果就是把准入门槛提高上数十亿元级别的公司。苹果毛利率高达40%，秒杀一切对手。

2014年10月，美林证券公布了一项手机数据：2014年，苹果仍然以40%的毛利率排第一位，三星毛利率只有17%，索尼毛利率为-17%。美林证券预测小米、华为这样的手机厂商在2015年毛利率在10%左右。如此对比数据，足以看出苹果手机的竞争力。

综观中关村电子城、深圳华强北电子市场再至智能手机上的苹果、三星、索尼、小米、华为的毛利率，我们发现在智能手机时代取胜的不止是性价比，更是科技与潮流。我们一直在追求顺势而为的布局。那么在如此情况下，什么是顺势而为呢？

我们在"互联网+"和工业4.0的时代，必须依据新的时代进行布局。我们也不可以给您提供一个完美的答案，只能为您提供一个思路。我们以中国制造2025为例，为大家分析一下，到底这个时代需要什么样的模式。

2015年5月，国务院印发《中国制造2025》的通知，核心摘要整理为五大基本方针，如图2-8所示。

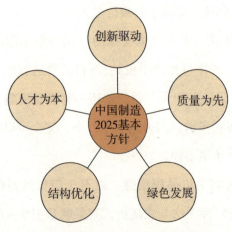

图2-8　中国制造2025基本方针

1. 创新驱动

坚持把创新摆在制造业发展全局的核心位置，完善有利于创新的制度环境，推动跨领域跨行业协同创新，突破一批重点领域关键共性技术，促进制造业数字化、网络化、智能化，走创新驱动的发展道路。

2. 质量为先

坚持把质量作为建设制造强国的生命线，强化企业质量主体责任，加强质量技术攻关、自主品牌培育。建设法规标准体系、质量监管体系、先进质量文化，营造诚信经营的市场环境，走以质取胜的发展道路。

3. 绿色发展

坚持把可持续发展作为建设制造强国的重要着力点，加强节能环保技术、工艺、装备推广应用，全面推行清洁生产。发展循环经济，提高资源回收利用效率，构建绿色制造体系，走绿色发展的道路。

4. 结构优化

坚持把结构调整作为建设制造强国的关键环节，大力发展先进制造业，改造提升传统产业，推动生产型制造向服务型制造转变。优化产业空间布局，培育一批具有核心竞争力的产业集群和企业群体，走结构优化的发展道路。

5. 人才为本

坚持把人才作为建设制造强国的根本，建立健全科学合理的选人、用人、育人机制，加快培养制造业发展急需的专业技术人才、经营管理人才、技能人才。营造大众创业、万众创新的氛围，建设一支素质优良、结构合理的制造业人才队伍，走人才为本的发展道路。

中国制造2025四大基本原则见图2-9。

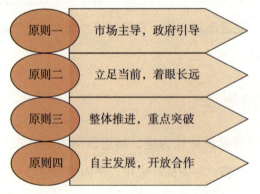

图 2-9　中国制造 2025 四大基本原则

1. 市场主导，政府引导

全面深化改革，充分发挥市场在资源配置中的决定性作用，强化企业主体地位，激发企业活力和创造力。积极转变政府职能，加强战略研究和规划引导，完善相关支持政策，为企业发展创造良好环境。

2. 立足当前，着眼长远

针对制约制造业发展的瓶颈和薄弱环节，加快转型升级和提质增效，切实提高制造业的核心竞争力和可持续发展能力。准确把握新一轮科技革命和产业变革趋势，加强战略谋划和前瞻部署，扎扎实实打基础，在未来竞争中占据制高点。

3. 整体推进，重点突破

坚持制造业发展全国一盘棋和分类指导相结合，统筹规划，合理布局，明确创新发展方向，促进军民融合深度发展，加快推动制造业整体水平提升。围绕经济社会发展和国家安全重大需求，整合资源，突出重点，实施若干重大工程，实现率先突破。

4. 自主发展，开放合作

在关系国计民生和产业安全的基础性、战略性、全局性领域，着力掌握关键核心技术，完善产业链条，形成自主发展能力。继续扩大开放，积极利用全球资源和市场，加强产业全球布局和国际交流合作，形成新的比较优势，提升制造业开放发展水平。

五大基本方针和四大基本原则核心关键词就是创新与市场。以市场的方式参考竞争，在竞争中取得创新。这样我们再来看中关村电子城、深圳华强北的没落，就会变得很容易。没有创新就不会有竞争力，没有竞争力就会没落。

2.6 人人众筹，人人创业

"互联网+"影响的不止是百度，还影响了创业者。"互联网+"让融资变得简单，也让陌生人因一个产品而走到了一起。众筹就是一个很好的模式，整合资源一起做一件想做的事情。

北京大学校友发起了一次咖啡馆众筹，每位校友投入3万～5万元就可以成为其股东，很快从200位校友那里筹得800万元。这家咖啡馆其实并不是为了卖咖啡，而是为校友们提供一个资源共享的平台。这与中关村创业大街的3W咖啡、车库咖啡很相像。

让人意想不到的是，这家咖啡馆的经营全部交给专业的外部团队进行运作，这200位众筹者并不参与具体运营。尽管有人评论说这些校友都不缺那几万块钱，对赢利与否并不刻意要求。但此咖啡馆的模式颇有"互联网+"的思维：开放、去中心和集权（见图2-10）。

"互联网+"的模式就是去中心化、去平台，更是开放的。但是世上并没有绝对的开放，也就是说开放是有限制的，这就是规则。此咖啡馆参加条件：必须是北大校友。这是对人群的第一次筛选，并且还有一个限制就是必须是70后，这样筛选下来的对象多是事业有成，掌握丰富资源的人。

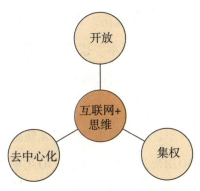

图 2-10 "互联网+"思维

这200人不参与咖啡馆运营,只提供现金和资源以求许多好的项目在此平台上产生。像咖啡馆一样,"互联网+"的开放也是必要的,但并不是没有门槛。BAT三大巨头目前都在做开放平台,同样有准入门槛。

去中心化是方法,而不是最终的目的。众筹咖啡馆是依赖去中心化建立的,但是从咖啡馆这个主体自身角度看,去中心化只是为了让咖啡馆的管理、经营、财务等更加透明和先进。无论最终在咖啡馆平台的项目变现如何,咖啡馆这个主体会永久存在,并不断发展壮大,对于去中心化的平台来说,这本身就是一种高度集权。

无论是初期的咖啡馆,还是百度、腾讯,他们的开放就是为了让更多的合作伙伴到自己的平台上来,最终与对手形成竞争壁垒,实现最终的超级集权或垄断。超级集权意味着有强大的垄断能力,尽管用户有可能不喜欢这个模式,但是作为以营利为目的的公司,垄断是经营者追求的目标。

互联网生态与传统行业生态有明显的不同,去中心化在这里是实现集权的最优化手段。因为在传统行业可以通过复制的形式实

现快速扩张，最终形成竞争壁垒。而互联网生态是通过合作的形式，实现利益最大化，同时资本、技术层面并没有增加难度，这也是为何互联网公司都走去中心化的模式。对互联网公司来说，去中心化是实现集权的最优手段。

在BAT三大巨头中，腾讯的用户规模无疑是最大的，因为微信活跃用户过6亿，QQ用户过8亿。微信和QQ几乎占据多数人的绝大部分上网时间，两者的社交功能使腾讯拥有无以匹配的用户黏着度。腾讯最容易获得黏性，最容易形成用户层面的集权。

百度没有像腾讯那样强大的网络ID黏性，但百度做的也是去中心化的生意。如百度在搜索、地图、视频、百度云、浏览器、输入法、应用分发等流量入口进行密集布局，最终形成一个闭环。如果这些用户加起来并去除重复的用户，那么百度的用户量与腾讯的用户量是不相上下的。百度的目标和腾讯的目标是一样的，都是为了更好地集权而选择开放、去中心化的运作。

谈完腾讯、百度，那不可避免地要谈及阿里巴巴，因为这是目前格局下的中国式"BAT"。阿里巴巴旗下的支付宝已经占据了强大的现金流量入口，这种可怕到让银行害怕的支付能力，也让百度与腾讯震惊。百度通过广告联盟等让投资人得到变现，阿里巴巴通过淘宝、天猫、支付宝、余额宝等实现了利益最大化。而腾讯虽拥有几乎覆盖中国所有网民的微信和QQ，可没有找到一个超级变现模式。一旦腾讯找到去中心化的变现思路，那么另两家将受到严峻挑战。

2015年4月29日下午，腾讯举办的"势在·必行——2015'互联网+中国'峰会"在北京钓鱼台国宾馆举办,在此峰会上对"互联网+"的主题做了更深入的探讨。腾讯创始人马化腾解释他理解的"互联网+"。他说,互联网本身是一个技术工具、是一种传输管道,"互联网+"则是一种能力,而产生这种能力的能源是什么?是因为"+"而激活的"信息能源"。

为了更全面地了解腾讯的观点,我们摘取了马化腾的部分核心演讲内容:

互联网与传统行业融合是新的"信息能源"。再进一步拓展,其实互联网和传统行业不断地融合,它是不是和前面蒸汽机和电力一样也是一种能源形态呢?今天我们把它定义为一种信息能源。

这样的话,所有的行业都应该很清楚,完全可以把"互联网+"这个新的行业融入自己的行业当中,如果你不这么做,你在你所处的产业和行业就会落伍和被淘汰。

在之前我经常举的几个例子就是,大概在两年半前,微信有一场风波,就是它和运营商之间的风波。外界说微信取代了短信,占据了运营商的通道,对于运营商是一个替代和颠覆。这对当时的我们产生了很大的压力。以至于我在北京过安检的时候被人认出来,还问"你们的微信要收费吗?"我当时感到压力很大,这是新的移动互联网通信对于传统通信第一次的一个很大的冲击。

我们还看到更多的领域都可以跟互联网整合。这是因为最近这3年移动互联网高速发展,中国有6.5亿网民,是全世界最多网民的国家。其中有5.6亿通过手机上网,中国的手机用户全球第一。

只有这样存在一个大的基础,才有可能形成5.6亿的人24小

时不间断地和周边的传统行业保持实时连接。只有奠定了这个基础，才会有很多的商机。这是大势所趋，而且率先出现在中国，我觉得这是我们一个难得的机遇，是一个大浪潮。

其实在这个大浪潮来临之前，我们站在第一线。3年前我们内部有一个组织变革，我们做了有史以来最大的一个组织架构的调整，来适应移动互联网以及互联网跟传统行业的结合。我们把过去的很多业务重新梳理，改变了我们原来什么都做的业务战略，我们把搜索卖掉、把电子商务卖掉，很多O2O和小的业务我们纷纷砍掉。

同时我们大量地投资腾讯生态周边的伙伴们，我们现在的定位很清晰、也很简单，就做两件事情：第一，做连接器，通过微信、QQ通信平台，成为了连接人和人、人和服务、人和设备的一个连接器。我们不会介入很多商业逻辑上面去，我们只做最好的连接器；第二，做内容产业，内容产业也是一个开放的平台。

这样的定位有什么好处？就是我们认为未来的"互联网+"模式是去中心化，而不像过去是一个集市。我们是去中心化的，场景化的，这是跟地理位置有关的，千人千面，每个人需求都能实现。这样的话，才能最大限度地连接各行各业传统行业能够在自身垂直领域做出成绩的合作伙伴进行整合，这样生态的力量才是最强大的。

从马化腾的"互联网+"的解决方案，我们可以看出这个方案和上文提到的咖啡馆模式是一致的，也可以说去中心化小可小到咖啡馆模式，大可大至腾讯模式。在"互联网+"和工业4.0的大场景下，只要立足长远，去中心化的道路会愈加平坦。

中篇
谁决定了工业4.0的风暴口

第三章
德国自下而上的工业4.0

德国是工业4.0概念的提出者,也是制造业的先行者。德国企图凭借其强大的制造业实力来超越以美国为首的互联网巨头。尽管这一切看起来很困难,但是德国已经在行动,并取得了一定成果。

3.1 物理信息系统

2011年的德国汉诺威工业博览会上，工业4.0概念首次被提及。2013年4月，德国政府正式推出德国工业4.0战略，一个全球性的话题瞬间被引爆。各国纷纷行动起来，跃跃欲试，因为这对世界强国来说，是一次弯道超车的机会。

第一次工业革命发生在英国，英国世界话语权得到了空前的增强。第二次工业革命发生在美国和德国，然而由于两次世界大战，美国作为战胜国，从战争中获得巨大的经济利益，而德国正好相反。第三次科技革命由美国主导，使其稳坐世界第一的宝座。所以第四次工业革命，对德国来说是个引领世界的机会，对其他国家来说也是如此。

美国在第三次科技革命中，获利颇丰。世界各国所使用的CPU、操作系统、软件以及云计算等网络平台几乎全部由美国掌控。尤其是美国互联网巨头正在从最顶端的"信息"领域加速向下端的"物理"领域渗透。如，Google进军机器人领域、研发自动驾驶汽车；Amazon进军手机终端业务，开始实施无人驾驶飞机配送商品等。

对于德国制造业来说，那些能对德国制造业的支配地位造成

第三章
德国自下而上的工业4.0

重大打击。所以德国采取了"物理信息系统"竭力阻止信息技术的侵入。德国希望借先进的制造业之力打通占领顶端的信息和数据系统，从而打造出自己的智能生产系统。德国不断的升级"物理信息系统"所控制的"智能工厂"，以促使它具备像人一样的"独立思考能力"。如果这一想法最终得以实现，那么美国的信息技术只不过是一个随时可以被替换的环节。

其实，这是一项庞大的工程，德国工业巨头西门子公司这样表述工业4.0：工业4.0的核心是智能制造，通过处理器、存储器、传感器和通信模块，把设备、产品、原材料联系起来，使得不同的产品与生产设备能够互联互通并交换命令。尽管西门子公司的表述如此短，但其包括了物理、信息这两项关键词，一个连接现实世界，一个连接虚拟世界。

在此背景下，德国的工业4.0上升到国家级层面，总理默克尔亲自出面为其助威。德国工业产值占国内生产总值的20%，德国希望在世界上继续保持工业强国地位。对于工业4.0，德国总理默克尔说，数字化生产对德国的发展至关重要，德国有可能成为"工业4.0"标准的推动者，并在欧洲甚至全球推行这些标准。对于这次革命，默克尔信心满满，她希望德国能成为工业4.0标准的制定者，立足欧洲，辐射全球。

在一次博览会上，德国博世力士乐公司展出了一套工业4.0应用场景下的设备，这台设备可以实现现实设备同虚拟设备的连接，进而节省设计时间及安装调试时间。而德国软件公司SAP则展示了一套工业4.0场景下的模板。当一个产品模板被放到生产线上的时候，产品模板就被放置了一个小型芯片，芯片记录着用户具体的需求信息。通过芯片和生产设备之间的数字化交流，最终产品通过一道道工序后被生产成用户定制的个性化产品。

德国为什么不遗余力地推行工业4.0呢？因为工业4.0带来的利益可能前所未有。我们归纳出四大核心要点，具体见图3-1。

要点一	满足用户个性化需求
要点二	灵活性、动态性
要点三	快速获得最优解
要点四	资源生产率和利用效率

图3-1 德国工业4.0的核心要点

1. 满足用户个性化需求

工业4.0时代，可以根据不同的客户特殊需求，在设计、配置、订购、规划、制造和运作等环节予以满足。同时还可以在实现小批量甚至一件生产的情况下，获得盈利。

2. 灵活性、动态性

工业4.0时代，根据质量、时间、风险、价格和生态友好性等，进行动态配置，从而实现生产过程中的"微调"。这使得生产具备了一定的灵活性，因为如果出现原材料短缺等问题，在这里很快就能够得到动态解决。

3. 快速获得最优解

工业4.0时代，也是速度制胜的时代。如果希望在全球市场上抢占一定的市场，在短时间内做出正确决策显得十分重要。工业4.0时代，可以实现实时透明的验证，并且对障碍做出更为灵活的反应，最终实现全局优化。

4. 资源生产率和利用效率

在资源有限的情况下，数量和质量上的双重输出决定资源利用效率。任何企业都企图比竞争对手成本低一半，而利润比对手多一半，在这里完全可以实现。

在不久的将来，如果想购买一辆汽车，只需拿出手机，打开APP应用，输入你的定制化要求，然后你就在家等着收货就成。因为"智能工厂"自动为你安排生产、组装、配送等各个环节。如果你家里的冰箱牛奶很少，冰箱会自动向"智能工厂"发送送奶信息，"智能工厂"则针对你的喜好定制生产牛奶。这就是德国"智能工厂"需要实现的最简单的工作，当然，高难度的案例会在下文中陆续出现。

3.2 严谨而认真的德国人

这个世界对德国人的评价就是严谨，严谨得让人看起来有些死板。德国的公共交通什么时候到达什么站点都有严格的规定，汽车总会在规定时刻进入站台；如果一个德国人周五去了次超市，那么下周五你还会在超市遇见他，并且和上次一样带着自己的"购买清单"；晚上的红绿灯路口更是如此，即使路口没有车，司机还会按红绿灯指示行驶。德国人的几近苛刻的严谨也带到了其他场景中。

尽管德国在第二次世界大战中战败，但其强大的工业得到了完整的保存。几十年来，工业主导着国家经济、政治、外交等方面。其中，汽车工业、机械制造、化工工业、电工电子业、食品工业构成德国的五大工业支柱。在德国云集了世界上顶尖的机械制造业，如西门子、戴姆勒、宝马、大众等。

为了领略德国的严谨，我们一起走进位于城市中心的汽车制造工厂。对于发展中国家来说，这简直难以置信，因为他们才不会像德国这样"傻"呢。因为生产成本、污染处理成本那么高，低端的制造工厂利润怎么来呀？而德国工厂就是这么任性，因为它有任

第三章
德国自下而上的工业4.0

性的理由。

位于德累斯顿市中心的大众汽车工厂，左边是有着超过400年历史的大花园，右边就是市政府办公大厅。在这里，大众汽车工厂只生产一种Volkswagen Phaeton（辉腾）车型。这一车型的主要竞争对手是奔驰S级、宝马7系、奥迪A8，也就是说，这里生产的是顶级豪华轿车。

大众汽车在大众眼里是平民化的轿车，而Volkswagen Phaeton的设计师设计这款车的初衷是不希望让外观来影响人们对车价值的判断。对于这款车，中国汽车爱好者应该很熟悉，因为这种年装配5000辆的Volkswagen Phaeton轿车，70%都销往中国。

在材料选择方面，选择"如你所见"的思路。如果你发现坐垫好像皮子做的，那它就是真皮，如果你看到像木头做的，那它就是木头。这对拿着山寨版的iPhone6 Plus的人来说是一项天上掉下来的福利，因为可以找工厂去"高仿"一件这样的顶级配置。

大众集团成为全球第三大汽车集团，在全球拥有98家汽车生产工厂，而将工厂选择在市中心也是首例。在这个曾经因第二次世界大战而被炸平的土地上，和国家一起开启复兴之路，尽管听起来很"土豪"，但是想做到谈何容易？这里有几项指标，以供参考（见图3-2）。

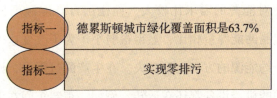

图3-2 大众集团工厂选择指标

一、德累斯顿城市绿化覆盖面积是63.7%，即这是一片森林+花园式的城市。如果让城市持续保持这个绿化率，就必须在工厂附近8.3公顷的范围内，种植5万株灌木植物，这一点，工厂做到了。

二、实现零排污。这一点让人吃惊。任何工厂都不敢做此承诺，因为一旦承诺，后期出现污染问题，就等于自己掌自己的嘴，让同行耻笑，让世界嘲笑。然而这家工厂承诺了，也做到了。工厂装配线设计成透明的，世界各地发来的配件，由这里的工人进行手工组装。

为了防止职业病的发生，工厂采用特制的地板、工作服；为了保证不产生噪音污染，工厂采用双层加厚钢化玻璃；为了防止光污染，照明灯方向全部朝内照射；为了防止照明设备伤害到昆虫，工厂照明灯全部用冷光源；为了防止飞鸟撞到工厂玻璃上，工厂联合大学开发了一款鸟叫模拟系统。此类的设置还有很多，一些细节都被考虑在内，德国的严谨不是三言两语能够全部表达出来的。如果你有钱、有时间，不妨去德国转转，身临其境会让你受到启发。

德国的严谨特质如果用到制造业上，只能用精益求精来形容。我们通过德国一个减少能源消耗的汽车装配线，来看德国人的工厂严谨。

制造业对能源的需求比较大，而德国自有能源产量与美国、俄罗斯所控制的能源量相比，显得很弱小。为了改变这一劣势，德国只能在节约能源的方面上下功夫。在生产的过程中，许多与实时生产不相关的机器设备都还在运转。例如，组装车间在下一个流程

第三章
德国自下而上的工业4.0

开始后，上一个流程的设备还没有关闭。尽管有些明显的设备关闭了，但是还有一些不太明显的设备。

对于这些工业4.0下的场景，德国已经在实施了，德国通过制造设备的改进已经降低了大量能源消耗。如有些生产线在生产间歇或轮班调整时间时，没有从事生产的设备仍在持续地运转，这就产生了大量的能源损失。

据德国工程师测算，生产时的能源转化率约76%。这意味着余下的24%的能源被浪费掉了。包括通用在内的制造业，正在加紧研发一项新技术，以期在工业4.0时代，让这24%压缩至5%。对于德国强大的制造业来说，仅这一项就能节省上百亿元。例如，他们测试的"自动唤醒模式"，一是能节省能源，二是不影响工厂快速进入工作状态。

3.3 安贝格工厂：100万件产品，次品约为12件

在2013年汉诺威工业博览会上，西门子抢了其他制造业巨头的风头。在展会上，西门子展示了最新研发的汽车生产线系统。在此生产线上，机器人可以与车体一边"对话"一边组装，让参会人员大呼过瘾。

"机器"有了灵魂，它能读懂"产品"。据现场工作人员介绍，会对话的车体内嵌入集成电路系统，系统上记录着汽车的型号、重要零部件及组装顺序等信息。当机器人接触车体时，机器人会识别车体系统，进而根据设定的程序完成组装工作。了解到西门子的独到之处，我们一起去参观了西门子安贝格（Amberg）电子制造厂。

位于巴伐利亚州城市的安贝格（Amberg）工厂是德国政府、企业、大学以及研究机构合力研发的全自动、基于互联网智能工厂的最先进系统。在这座占地面积约为10万平方英尺（1平方英尺约0.092平方米）的工厂里，所生产的设备是针对其他工业巨头使用的自动化设备。工厂通过系统使1000个制造单元进行互相联络。这些互相联络的设备通过网络系统进行控制。这样，工厂内的多数设备都可以在无人工参与的情况下对零部件自行完成挑选和组装工作。

对于这类工厂，综合项目工业4.0的联合董事长瓦尔斯特（Wolfgang Wahlster）有较高评价。他认为这样的智能工厂流水装配线的半成品会告诉机器自己需要什么服务，最终机器识别半成品发来的信息，完成最终的组装工作。这项完全自动生产创新有利于德国的工作制造业保持竞争优势。

对于总体的智能，我们略有见识，那么我们再细看一下安贝格工厂。西门子安贝格电子制造厂被誉为德国"工业4.0"模范工厂。它拥有欧洲最先进的数字化生产平台。这家工厂的主要使命是生产可编程逻辑控制器和一些工业自动化产品。

在生产过程中，每个元件均被给予特殊编码，一个成品的生产其实经过上百个编码识别。此外，在一条流水线上，系统可根据需求预先设置控制程序，机器间会自动装配不同元件。如果一条流水线同时设置多个程序，那么流水线就可以生产出各具特性的产品。

通过设置固定程序，以及产品与机器的"对话"，生产实时信息得到了优化，生产效率自然大大提高。据统计，原本需要40个工人完成的工作，现在只需要两三个人。这些工人的工作其实很简单，并不需要太高的专业要求，只需要记录一些数据并汇总就可以。

西门子安贝格电子制造厂每年可生产元件约30亿个，每秒钟可生产一个产品，并且可以24小时内为客户供货。由于实时监测并分析质量数据，次品率大大降低，该厂产品质量合格率高达99.9988%，这意味着百万件产品次品约为12件。对于一般的制造工厂来说，这难以想象。

3.4 雷蒙哥公司：机器会自我更新

弗劳恩霍夫研究所（Fraunhofer-Gesellschaft）成立于1949年，有科研人员15000人，总部位于慕尼黑。这个研究所以德国科学家、发明家和企业家约瑟夫·弗劳恩霍夫（Joseph von Fraunhofer）的名字命名。研究所下设置有80多家分支机构，年经费约70亿元，为3000多企业客户完成约10000项科研开发项目。

这是德国乃至欧洲的最大应用科学研究机构，与马克斯·普朗克研究所一起构成德国最高水平的两科研机构，在国际上享有盛誉。1991年，世界上第一台MP3就产生于研究所的分支机构——集成电路研究所。

下面的分支机构工业自动化应用中心位于德国北部的雷蒙哥，专门为企业研发并生产推动"工业4.0"所需的设备和解决方案。应用中心负责人说，传统工业场景下，如果更换一台流水机器的设备往往需要数天时间，但是在这里只需要几分钟就可完成。因为传统设备如果需要系统更新，技术人员不得不把新的部件用人工与新的工作环境对接，然后调整生产线上的控制装置。

面对一台产自1990年的计算机，如果你要将其更新为2015年的系统，当你安装新驱动的时候，经常与其他的安装程序冲突，以至于不得不反复手工调整。而在这里只需要把一个U盘大小的工具插到计算机上即可。系统自动识别电脑的配置，然后给予最新的系统，再自动调整有冲突的程序。工业4.0时代，会实现"即插即生产"。插入的过程就是系统进行重新配置的过程，就像雷蒙哥工厂的场景一样。工业4.0时代的所有核心部件，都会自发地与工作环境相连接，并主动把自己集成到现有控制系统当中。

如此高度自动化的设备，让人不免有些担忧。例如，机器人是否会替代人工？机器人是否会主导世界？

据德国一家调研机构统计，自工业4.0概念提出后，中小型制造业都纷纷进行工业4.0的革新。革新的企业已经超过75%，其中革新最多的就是在自动化和智能化方面的改进。对于如此快的革新进度，世界为之震惊。

不过这是时代使然，在工业4.0之前，所有的革新都是为了通过规模效应以及提高员工生产率来获得最大利益。而在工业4.0时代，定制的需求占了很大比例，通过工厂的革新实现个性化生产，同时压缩产品从"设计"到"上市"的周期。对于日益多元化的世界，这将是一种能持续数十年的潮流，当然德国先进的制造业不想错过。

此外，这次革新打通虚拟世界与现实世界的界限。例如，工业4.0时代，设计一项新的产品不需要再用大量的实际生产来验证产品的性能，只需要利用仿真模拟对虚拟产品进行多角度的测试和优化。

许多人认为，这么实施革新的话，人就会被智能机器取代。显然这是悲观者。德国弗劳恩霍夫就业经济研究院院长威廉·鲍尔认为，这其实是一种优化，使人们从生产环节解脱出来，以参与新的创新和解决新的问题。未来人们真正的价值体现在创新与决策的领域。

3.5 博世洪堡工厂：所有零件都有一个唯一的射频识别码

在德国联邦贸易与投资署出版的一本关于德国工业4.0的宣传册上，通过云计算基础上建立大数据模型，结合"物联网"技术得以实现，最终形成智能工厂。从制造业的角度来说，智能工厂的意义在于提高单位时间内的生产效率，最大程度地提高了生产力的革命（见图3-3）。

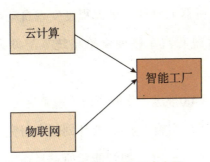

图3-3 智能工厂的两个方面

德国国家科学和工程院院长、工业4.0工作集团主席卡格曼（Henning Kagermann）认为德国工业4.0的进度在不断加快。尤其是那些为制造业生产设备的企业和技术的公司更是强劲，例如西门子生产的机械设备、通快集团（Trumpf）的激光技术等。当然还有为制造业提供感应技术和机器人及信息通信技术的企业，如德国电信等。这些公司从不同方面和角度，直接或间接地参与到推进工业4.0的进程中来。由于德国拥有强大的制造业基础，为广大制造业厂商提供了一个高的平台基础，最终保持高端制造业的地位，例如，博世建设智能系统的能力和技术十分强大，他们擅长将所有的知识整合起来，打造最优的生产环境。

在鲜为人知的阿尔卑斯山脚下，有一个名为布莱夏赫（Blaichach）的小镇，小镇上有一座博世伊门斯塔特（Bosch Immenstadt Plant）工厂。这就是德国大型龙头企业之一的工厂，为当地提供3000多个就业岗位。这家工厂是全球第一大汽车技术供应商之一，博世的汽车刹车系统（ABS&ESP）在市场上有相当的实力。

同时这家工厂被认为是实践德国工业4.0的先驱，其柴油发动机喷油器装配流水线有效应用工业4.0技术原则，通过安装射频码，实现机器与机器的对话，更大程度实现自动化。这家工厂以生产汽车刹车系统和汽车燃油供给系统零配件为主，产品销往全球。

专门负责工业4.0推进工作的阿德·寇莱克（Arnd Kolleck）博士对伊门斯塔特工厂实施工业4.0的计划颇有研究。他说，工厂陆续从五个方面实现工业4.0，即智能化原材料输送、国际生产网络系统、流水线操作状况监控和支持系统、远程技术支持和高效设备管理系统。

当你走进整洁敞亮的汽车刹车系统生产车间，你会被这里的一切震撼。这里的生产车间的原材料输送系统已经实现高度自动化，包括信息登记、下达订单、订单确认和订单追踪等程序都通过射频技术（RFID）的运用达到高度自动化。高度自动化的生产程序使生产效率得到大大提高。

在生产过程中，每一个装有原材料的塑料盒子上都贴有一个有识别功能的射频码，对即将要组装的零部件来说，这就是它的"身份证"，和居民身份证一样，这是唯一的。在之后的上线生产中，这些含有信息的射频"身份证"，通过射频识别、机器设备获得下一步操作的具体操作步骤，最终完成生产。值得一提的是，当盒中的零部件用完后，又在特定环节通过盒子上的射频码识别进入网络系统，然后自动向供应商提出新的订货要求。通过这样的高自动化原材料输送系统实现生产过程的可视化、生产原材料的节约化，最终实现节约能源、减小库存的目的。

在工厂里，有一个最能体现大数据和互联网在工业生产中结合的国际生产网络管理系统。全球20条生产线，通过这一系统进行管理。生产系统一旦出现问题，负责管理工厂的技术人员就能立即给予解决，系统还可根据订单量的多少，来安排工作进度。有人觉得为什么做那么细致，因为每一秒的时间，就代表上千万的利润。所以在速度和质量上，工厂一刻都耽误不起。

我们通过一条生产流水线来观察故障情况如何被处理。流水线上设有自动跟踪系统。一旦流水线出现故障，跟踪系统都及时地把故障数据和原因发送给总的系统。总系统发送修正指令，流水线上的设备就能自动清除故障。这实际上是一项先进的标准化纠错设置。一旦被触发，便会自动检测、修正错误。如果故障超过修正能力范围，会有专业人员进行远程指导，这样，分布在全球的专家资源就能得到很好的利用。

除了流水线操作中的故障可以得到清除，生产设备的维修和管理在这里也能实现智能化。博世伊门斯塔特工厂所生产的汽车供油系统零配件的材料是高强度塑料。在生产过程中，需要在极端高温的情况下才可完成。如此温度下，生产设备经常损伤很严重，为了保证生产质量和生产效率，必须进行经常维护和更换。

为了最大程度地延长设备寿命，最有效地使用该设备，减少不必要的投资，给每一个设备安装上射频码，利用生产执行系统将每一个相关机械设备的数据信息进行储存和显示。这些信息会对设备的运作情况、寿命、维护保养时间表等参数进行动态监督，以实现动态的保养和更换，而不影响生产过程。这样有秩序、有节奏地迅速完成设备的维护和更换，可以获得最大的经济效益。

3.6 瓦尔斯特工厂：物联网的又一践行者

以物联网为代表的工业4.0时代会愈加智能。科学家正在基因领域进行突破，因为他们计划通过对人们基因的了解，提供在饮食、医疗等方面的定制方案。这样根据我们的身体与喜好，工厂可以生产我们喜欢并且适合身体需求的早餐；工厂的流水线上，工人根据自己的时间安排来决定是否周一开工，并且不用担心产品与质量的问题。因为一切都是设定好的程序，智能的机器会告诉另一台机器下一步需要做什么，而非中心控制台的技术员在控制整个流程，他们只需要观察一些机器是否运作到完美就好了。

沃夫冈·瓦尔斯特（Wolfgang Wahlster）是最早提出工业4.0概念的人士之一，他是德国人工智能研究所首席执行官兼科学学监。对于德国的工业4.0布局，他说："德国工业4.0是政府大力推行的'新一代智能工厂计划'，这项计划以物联网（Cyber-Physical System）为基础。这意味着工业制造向网络制造的转变，这是一个崭新的工业制造逻辑。以往的制造业工厂是以中心控制指挥系统，通过密集的指令来完成最终的生产。而工业4.0只需要设置好流程就可以了，因为商品所附带的电子信息会告诉机器需要怎么操作，进而完成符合客户要求的产品。所以，工业4.0是第四次工业革命，因为这是由大量制造向符合个体化需求的大生产方式转变。"

瓦尔斯特的工作地点是位于德国中部小城凯泽斯劳滕（Kaiserslautern）的智能工厂里。这里环境很好，气候比较温润。对于这些沃夫冈·瓦尔斯特并不在意，因为他在意的是自己的研究。他对物联网系统研究得比较深入。他认为，物联网系统就是通过互联网、实体物件完成虚拟世界与现实世界的对接，并且应用相同的语言，进行沟通并相互理解。运用到工业生产中，最重要的是产品和机器之间的信息互联和沟通，由产品上的信息告诉机器设备去做什么。

相比工业4.0所运用的系统，目前德国和国际制造业所运用的系统很大比例是"嵌入式系统"。此系统将机械或电气部件完全嵌入到受控器件内部，以适应特定应用设计场景。此系统为德国带来了超过1200亿元的收益，因为这个系统对全球来说是个高标准的系统。现在德国意图在此基础上打造智能生产系统。

如此丰厚的收益，给了德国工业4.0的经济动力。在2012年德国政府颁布的10项未来高科技战略计划中，其中一个就是如何保证德国制造业傲立世界顶尖地位的"产业革命"计划。这项计划政府投资超过13亿欧元。这项计划的定位是在10~15年的时间里，通过"物联网"系统完成大生产，最大限度地实现生产全自动化、个性化、弹性化、自我优化和提高生产资源效率，降低生产成本的全新生产方式，以实现革命性、大幅度提高生产力的最终目标。

德国国家科学与工程院对效率改进做了专门的研究，他们认为在工业4.0时代,企业的生产效率提高30%。其次,实现资源转化率会大大提高。资源利用率的提高从侧面完成了对环境的最小伤害。

德国在工业4.0计划上,力度越来越大。德国人工智能研究所的智能工厂与众多和信息技术、机器人技术、激光感应技术相关企业合作,进行技术试验。其中部分研究成果已开始在德国的大企业,如博世、西门子、巴斯夫的个别产品生产流水线上进行尝试性实施。

在德国中部小镇凯泽斯劳滕有一家智能工厂。这家工厂曾在汉诺威工业展会上展示了智能名片盒的流水线。

在名片盒的生产过程中,仅零配件装入流水线需用人工,其他地方全部实现自动化。通过设备与设备之间的数据读取,机器人收到数据指令后会自动完成生产流程。看似简单的名片盒,需要的技术一点都不简单,其中涉及二维码、射频码、机器人软件程序及大数据分析等技术辅助。

德国人工智能研究所研究部副总监多米尼克·高瑞奇(Dominic Gorecky)博士对名片盒的整个生产过程给予了进一步解释。

首先,给产品一个数字化的身份信息。身份信息是利用无线电射频技术(RFID)从计算机采集到的,并做了信息存储。在接下的生产过程中,每一个流程都会对这一信息进行读取,以确定产品的身份。当读取成功后,制造设备发出满足该产品的信息指令。

其次,标记有身份信息的名片盒底底盘放入生产流水线。

当底盘在传送带上移动时，机器会自动扫描上面的射频码，最终生成唯一的二维码。名片盒被数字化后，流水线上的机器会一步步对其识别并完成组装。最后组装完成后的产品，流水线对其质量进行测试，合格后放入仓库。

通过计算机技术让物与物之间进行识别并发送指令是工业4.0基本的要求。值得一提的是，各个部分的灵活性和模块化由于客户需求的多样性，不可能为了一件产品而重新更换新的产品线。设置组合模板就完全解决这一难题。每一个组件都符合具体客户在电子和机械两个方面的需求标准，并可根据实际需要添加或拆卸，以便随时按照客户的具体要求来对产品进行调整。

第四章
美国自上而下的工业4.0

作为新时代的世界大国,美国一直在关注着全球的动态。棱镜计划(PRISM)使美国在全球的信誉尽失。当然美国不会因此停止其行动,美国提出工业互联网的计划企图对德国工业4.0进行拦截。任何一个国家,都有责任使其国民享受时代带来的一切红利,美国也是如此。尽管美国在全球的威望慢慢变弱,但其仍希望通过这次变革加强对全球的干预。

4.1 信息物理系统

在谈及信息物理系统之前,我们先区分一个美国和德国的模式。与德国强大的制造业不同,科技业才是美国的优势。德国是以制造业为主导,让互联网为制造业增加动力;而美国是以互联网为主导,向制造业渗透(见图4-1)。

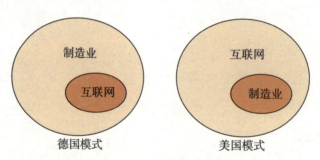

图 4-1　德国模式与美国模式的区别

这是两种不同的模式PK。德国的模式动因在前面已经作了叙述,在这里我们对美国模式再加以分析。在美国,工业4.0被称为工业互联网。它将智能设备和人用大数据的形式连接起来,并通过智能设备完成对大数据的分析。这对美国来说显然不是一件太难办到的事,因为美国云集了世界上最先进的互联网公司,例如思科Cisco、通用电气GE、IBM、英特尔intel、微软等。这为美国实施

第四章
美国自上而下的工业4.0

工业互联网提供了技术基础,这也是为什么德国无法走美国模式的根本原因,同样美国也无法走德国模式。

工业互联网是未来的潮流。智能工厂运用互联网实现外部物理服务的网络化,进而向着互联工厂的趋势发展。通过采取到的大数据,进而实现智能生产,并与消费者实现完美对接。美国在大数据应用上的表现最为突出,因为其拥有IT巨头们的支撑。并且这些由经济主导的IT巨头都在行动着,如Google近些年不断将制造业企业收购至麾下;GE公司加强数据分析和软件开发,从车间找到最好的解决方案。

与关注硬件的德国不同,美国最关注的是软件。美国的工业互联网试图将人、数据和机器连接起来,形成开放而全球化的工业网络。通过互联网、大数据等完成对工业领域的颠覆。从经济利益上来说,掌握着互联网的美国处于上游,而掌握硬件的德国处于下游。

德国进行自下而上的进攻,美国则进行自上而下的拦截。这场无硝烟的未来战争,显然与前三次工业革命有共通点。第一次工业革命和第二次工业革命都是以提高工厂生产效率为标志,继而引发各国对原材料的争夺,因为生产技术提高了,原材料就变得紧缺了;第三次工业革命以信息技术为标志,展开了对提供信息技术的原材料如石油等生产资源的争夺;而第四次工业革命将引发国家之间对数据和信息的争夺。在第四次工业革命掌握了大数据就掌握了胜利的核心筹码。

显然,从这个角度上来说,美国的模式更有优势。因为美国的信息行业掌握着数据的核心。

1. "工业4.0"发源于德国，发扬于美国

经常关注百度、腾讯、阿里巴巴等互联网公司的人会发现，对新事物的主导权不在于发声早，而在于公司的规模是否可以把另一制造新事物的公司收购。

滴滴打车与快的打车合并是这个类型，小米公司对新兴公司进行一系列的入股也是这个类型。因为当这些互联网巨头掌握了资本和技术后，新技术的掌握者可能不是他们，但是最终的掌握者仍然是这些巨头。这种推测也就意味着，在接下来的2015年之前，美国模式的胜算比较大，尽管德国首先提出这一概念。

我们通过最近发生的实例对这一观点进行论证。戴姆勒股份公司（Daimler AG）总部位于德国斯图加特，这家公司在硅谷专门设置了一个研发中心，主要开发车载智能娱乐系统。尽管这个系统很先进，但是必须依靠苹果公司的Siri语音系统来控制。因为苹果公司是互联网巨头，而戴姆勒不是。这是简单、粗暴的解释，把两者的根本区别说了出来，尽管这并不委婉。

德国能源巨头REWE现在要与美国的一家才成立5年的初创企业进行竞争。这家小企业将不属于它的1500多个天然气、太阳能和风能发电设备通过网络连接起来，可按需对设备进行开关调整，形成虚拟的发电厂。

所以，无论是汽车内的一个小小的语音系统，还是虚拟发电厂，谁掌握了这些智能化产品的数据与信息，谁就掌握了智能时

代。无论你是用户、生产商、服务商，这三者的关系决定了未来世界的格局。如果说人类社会的进程是一条指数曲线，那么工业4.0下的大数据、云计算、物联网等新技术将底数基数产生了改变。无论是美国与德国的竞争，还是日本与世界的竞争，掌握了移动互联网的核心，就会在接下来的20年掌握世界。

2. "互联网+"工业=未来

无论是传统行业还是新兴行业，必须走进互联网。历史上世界上最大的图书馆，尽管有过亿册图书，但是互联网可比其多千倍。尽管互联网对图书做的还不是那么深入，但是已经让众多图书馆感受到了威胁。制造业更是如此，工业互联网可以为其提供足够的源动力。

如今全世界有数百万种机器设备，从简单的自行车集群到核磁共振成像机器集群，类似此类的机械集群不胜枚举。它们的共同点就是让数字世界与物理世界进行联通，通过机器、设备、集群和网络生成大数据、数字分析相结合。

工业互联网采用云战略将带有内置感应器的机器和先进的软件系统连接起来，这就完成了数据提取并自我修正。据统计，每年航空领域都会产生约1800亿元的浪费。这是因为燃料利用率低、飞机维护失误及航班延误。如果飞机引擎养护效率每年能提高1%，那么就能节省20亿元左右的成本；如果飞机燃料利用率提高1%，那么就会节省约32亿元。为此，需要通过先进的物理和材料科学技术让飞机引擎比以往更加强劲、更有效率。其间需要运用软件系统进行监控，结合大数据分析，最终解决效率问题。

不仅在航空领域，在医疗领域更是如此。多数发展国家都设置有医疗保障系统，医院工作人员不得不去反复查找一些疾病信息。在性命攸关的时候，许多患者会死在医疗专家的研讨会上，因为这是对重症患者最常用的流程，而在工业互联网时代，这一现象能得到大幅度的消除。因为智能系统可以对患者进行诊断和分析，生成大量的数据，最后结合医疗经验轻松解决疾病难题。

这样的医疗系统在时间上和准确度上都得到了大幅度提高。因为其压缩了检测流程，更不会出现反复检测的情况。医生有更多的时间去分析生成的大数据，也为患者争取了更多的生存时间。此外，这样的智能医疗系统会很大程度地节约医院成本，最终节省上千万的成本。总之，工业互联网时代就是连通物理世界与数字世界的媒介，能够大幅度地提高生产力。

第四章
美国自上而下的工业4.0

4.2 工业互联网联盟

前文已经提出工业互联网联盟,那我们下面还是要讲工业互联网联盟,这不是重复,而是通过美国国家战略来看工业互联网联盟的实施方法。

1. 金融危机惊醒美国制造业

由于美国次级房屋信贷行业违约剧增导致信用紧缩进而产生国际金融市场上的震荡、恐慌,最终引发全球性的金融危机。美国金融危机产生的根本原因是金融工具过度创新,使一些不具有偿还债务能力的人得到大量贷款,以至于发放贷款的担保公司倒闭,雷曼兄弟就是其中之一。

成立于158年前的华尔街巨无霸之一,被称为"债券之王"的雷曼兄弟申请破产保护,让世界震惊。

自2000年后,美国房地产业蓬勃发展,华尔街上的银行也企图在房地产业上赚上一笔,于是产生大量与房地产相关的金融衍生品,在市场好的时候,的确为银行带来了巨大的收益,雷曼兄弟也是如此。由于投资者被乐观情绪所蒙蔽,房地产泡沫急剧增大。当市场出现大幅波动的时候，银行则面临极大的风险，甚至倒闭。

美国花旗银行、摩根大通、美洲银行等都是综合性银行，所投资或担保的行业相对分散，而雷曼兄弟所投资和担保的行业十分集中。与此同时，雷曼兄弟的资本充足率很低，并且自有资本很少。当雷曼兄弟想快速开展业务时，不得不大举向其他银行借债，这其实是银行间的拆借行为，一般时间都较短，有的甚至仅为一天。当然雷曼兄弟投资回报与拆借利息之差即为投资回报。这最终导致雷曼兄弟杠杆率（总资产除以自有资本）很高。杠杆效应是一柄双刃剑，在赚钱的时候，收益是随杠杆率放大的；但当亏损的时候，损失也是按杠杆率放大的，由于雷曼兄弟业务的快速扩大发展，其杠杆率提高到了危险的程度。

由于雷曼兄弟的不良资产过多，包括美国政府在内的金融界人士都认为雷曼兄弟重组胜算并不大，没有了政府的帮扶，只靠其他银行帮助是解决不了问题的，于是雷曼兄弟只能无奈破产。

金融危机过后，美国政府意识到仅依靠金融、虚拟经济是拿国家的命运开玩笑，一旦金融或虚假经济出现问题，美国必然会受到沉重打击。

2. 美国"再工业化"之路

在金融危机之前，美国一致视制造业为"夕阳产业"，投资者往往也对制造业敬而远之。1950年之前，美国曾一度成为全球最大的制造业生产基地。当时"Made in USA"的标志随处可见，无所不包，无论是低端的剃须刀、电视机，还是高端的飞机、轮船

第四章
美国自上而下的工业4.0

都可以在商店内找到。

而后随着第三次科技革命的发展,美国依靠互联网为代表的虚拟经济获得了巨大的利益,制造业陆续从美国淡出。但是金融危机证明互联网经济解决不了所有问题,唯有制造业与互联网共同发展,才能让美国保证长期优势地位。于是奥巴马上台以来,开展了一系列"再工业化"的改革浪潮。

奥巴马政府希望美国经济走可持续的增长路线,通过增加制造业出口,回归实体经济,最后让实体经济与虚拟经济互为依托。重新重视国内产业尤其是制造业的发展,这就是美国的"再工业化"战略。其实美国的制造业并不弱,制造业在美国经济所占比重约为15%,但由于经济总量巨大,美国制造业在全球的份额仍高达20%左右,美国仍然是世界第一制造业大国。

美国希望通过"再工业化"重振本土工业,是经过多方面考量的。一是德国与日本先进的制造业已经威胁到了美国制造业的主导地位,二是美国希望通过技术创新使制造业像互联网一样成为高端产业,三是美国希望通过"再工业化"带动美国经济复苏,尽快走出金融危机的泥潭。

3. 工业互联网联盟成立

美国政府一直很务实。2009年4月奥巴马上任之时,把重振制造业作为优先发展的国家战略。2009年12月《重振美国制造业框架》方案出台。方案对美国制造业的现状及趋势做了深刻的说明,不少华尔街机构把此作为美国重振制造业的信号。此后,一些具体实施办法也陆续公布。

2011年6月,美国启动旨在于抢占制造业上游控制权的"先进制造伙伴计划"。2012年2月美国通过一些利好政策鼓励制造企业回归美国本土。

2012年3月,"国家制造业创新网络"计划被美国政府提出。计划指出,通过高校与制造业的联合,建立45个研究中心。

2012年8月,美国成立了"3D打印机制造创新研究所"并联合出资约7亿元。此后研究所陆续成立,如成立"轻型和当代金属制造创新研究所""数字制造和设计创新研究所""新一代电力电子制造研究所"和"复合材料制造研究所"等。

2013年1月,美国政府公布了《国家制造业创新网络初步实施办法》,办法中指出,美国将投资约70亿美元建立美国制造业创新网络(NNMI)。此项办法是为了通过技术手段如数字化、新能源以及新材料等实现制造业的创新进程,并将此创新队伍打造成拥有先进制造业能力的创新集群。

美国制造业创新网络与工业4.0极度吻合,里面涉及3D打印、数字化小批量生产、大数据等,很显然,这是美国实施工业4.0的前奏。

后来由通用提出,美国政府主导的工业互联网联盟成立了。工业互联网联盟(IIC)由通用电气、思科、IBM、英特尔和AT&T等IT企业组成,后来又有一些企业新成员加入。此联盟采用开放机制,对许多核心数据进行共享。与德国工业4.0相比,此联盟做得更深入,如云存储、人机互联、大数据分析等都是在研究课题。此联盟的目的是通过IT技术合作,实现IT激活制造业,让物理世界与数字世界融合起来。

对美国政府来说,此项工程量很大,需要3年甚至30年的时间来完成。不过,一旦实现了,可以通过传感设备、网络设备、云计算系统、数据分析系统等将传统制造业的效率进行大幅度提升。

4.3 通用电气：美国工业互联网的引领者

在美国，有很多互联网界人士认为，美国版工业4.0其实就是通用电气的"工业互联网"。

这家公司成立过百年。前身是成立于1878年的由爱迪生创立的爱迪生通用电气公司，14年后爱迪生通用电气公司和汤姆森·休斯顿电气公司合并，1892年以通用电气公司命名。

这家公司一直对未来发展趋势很敏感。第一次世界大战后，通用电气公司在无线电方面居于统治地位，几乎独霸美国无线电工业。第二次世界大战中，通用电气公司的业务和利润急剧增长。我们看到通用电气的发展速度，更要看到它所在的领域技术的研发，这令它一直在历史转折点上获得先机。

通用电气扩张的速度一直很惊人。在电子工业方面，通用电气在欧美国家开展大规模合并，将比利时、瑞士、英国、意大利、法国、德国、西班牙等国的电子企业进行收购或合并。

此外，它旗下的机构所涉及的行业无所不包，如金融、融资、医疗、基础设施、能源、媒体、交通、高新材料、保险集团等各个核心领域，并且在众多领域都处于全球领先地位。至今，通用

第四章 美国自上而下的工业4.0

电气已经推出25种工业互联网产品,如电力公司配电系统优化、石油天然气平台监测管理、医院管理系统、铁路机车效率分析、提升风电机组电力输出、医疗云影像技术等。

这种方式让许多国家政府不得不把通用电气公司单独看待,因为这很像一个"超级通用帝国",一旦通用电气所参与的企业足够多,这足以让其影响其他国家的重大决策。据通用电气公司推算,美国工业互联网可以使生产效率每年提高1%~1.5%,在未来20年的时间内,美国人的平均收入将提高25%~40%。至2030年,工业互联网带来的革命将为全球GDP增加10万亿~15万亿美元,这个增长量等于现在的美国的经济总值。

最让人意想不到的是这么大的增长量只是从那些看起来并不起眼的方面累加而来,如果一次出现1%的增长率,对通用电气公司而言,这就是一项重大的突破。

通用电气公司拥有5000名软件工程师和9000名IT工程师,尽管他们的目标就是那1%的生产效率提升,背后却潜藏巨大的上升空间。这种逻辑是现实的,但是常常让人难以置信,在此我们引入对比因素(见图4-2)。

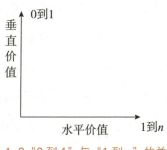

图4-2 "0到1"与"1到n"的关系

我们将生产效率提高1%，作为垂直价值线，把由此带来的经济效率比作水平价值线。那么垂直价值即为从0到1的创新和变革过程，而水平价值是通过大量重复、复制来完成。经济效益产生的根本原因是从0到1的过程，而经济效益通过规模复制从1到n上体现出来。这也是为什么美国IT巨头无法复制，而一般的软件公司可以轻易复制的原因。IT巨头的体量大不是根本原因，而是因为他们拥有独有的技术，也就是一般的软件公司在技术上需要得到重大突破才能步入巨头行列。

苹果公司就是一个例子，这家公司前期人员并不多，但是掌握了核心技术后，产品得到大批量复制，如一系列的代工工厂、渠道商等，这些助其完成了从1到n的复制。苹果的代工工厂倒闭了，苹果在美国的办公地址不存在了，苹果的账户清空了，这都不影响苹果的发展。因为他们有大量的研发团队，从0到1的路程已经走完，从1到n的复制会显得很容易。

我们继续回到通用电气与工业互联网，我们运用一个通用案例来看水平价值与垂直价值的差距。

天然气作为现今利用最多的能源之一，国际价格不断上涨，迫使各国采取一切办法提高天然气利用率。天然气运输领域的改进工作，早已开始进行，并已取得了重大突破。在天然气运输时，数千公里距离的管道运输一直存在安全隐患，运营商只得派人定期检修线路，人工检查虽能在一定限度防止不良事件的发生，但是无法从根本上杜绝。此外，对于这种动辄上千公里的管道，需要大量的人力物力，这对供应商来说是很大的负担。

第四章
美国自上而下的工业4.0

通用电气引入工业4.0理念，在天然气管道中置入大量传感器，并让其随油气一起流动，流动过程中，传感器会感知管道内的流速、压强、温度等各项安全指标，并将数据实时传送到终端系统。终端系统是通用电气自己研发的Predictivity软件，此软件会自动建立模型，并对大量数据进行分析，如果数据超标，则立即发出预警。这项技术增加了运输管道的安全性，一旦有小的差错，系统会自动告知，这大大压缩了维护成本。

通用电气的这一系统被许多国家所接受，如在哥伦比亚有一条绵延1.5万英里（1英里约1.6公里）的天然气管道，在未安装通用电气研发的管道检测系统前，发生了38起事故，而安装后事故数量变为零，降低成本10亿元。通用电气的先进系统引起各天然气巨头的注意，道达尔、BP等油气巨头也都选用了通用电气的监测系统。

高的收益系统对通用电气来说并不算是什么，因为他们在系统研发上投入了大量的时间和金钱。我们以这项系统中的一个数据监测分析环节来说，这个环节是建立在一个名为Predix的软件操作平台基础上的。此平台举数家IT巨头之力打造而成，花费近80亿元。这些IT巨头包括微软、英特尔、思科、华为等多家企业。此平台可以提供资产性能管理和运营优化服务。

通用电气对新技术的研发从来都很下功夫，动辄几十亿的大手笔投入更是让世界看出通用电气的决心，仅在大数据一项上，通用电气就已经投入70亿元。我们有理由相信通用电气对大数据、工业4.0的把控是超前的。

4.4 王者对决：通用电气与西门子的竞争开辟了新战场

通用电气与西门子分别是美国和德国的一张王牌，对新技术的引领作用功不可没。我们通过纵深对比，来比较两者的差距与原因，以期为中国制造2025方案提供参考。

在目的方面：通用电气把下一步的规划描述为"大铁块+大数据=大成果"（big iron+big data=big outcomes），意思是通用电气希望通过大数据打通与制造业间的壁垒，最终提高生产力，获得经济效益，显然西门子与之高度雷同。只是通用电气以大数据为基础，开展制造业，西门子通过制造业为基础开展大数据，两者殊途同归。

在历史经验方面：两者都是过百年的公司，通用电气成立于1892年，西门子成立于1847年，两者都在第一次世界大战、第二次世界大战完成了技术的积累，只是战争上通用电气获得了巨大的利益，而西门子则损失惨重。

在投入方面：双方都进行数百亿元的研发投入，因为双方都不可避免地与政府共同进退。德国总理默克尔与美国总统奥巴马都

第四章
美国自上而下的工业4.0

为本国有科技巨头呐喊助威,并都展开一系列支持方案比拼。我们拿下面一个图来分析两者目前的营收状况(见图4-3)。

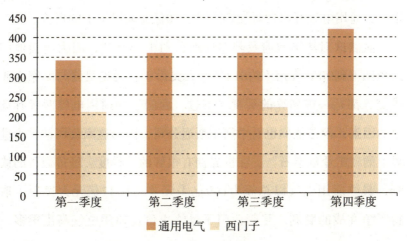

图4-3 通用电气与西门子2014年季度营收(单位:亿美元)

在2014年最新的全球财富500强排行榜中,通用电气总资产1462亿美元,西门子总资产为1061亿美元。尽管两者整体实力有差距,但是业务方面有较大重叠性,所以,"贴身肉搏"式竞争在所难免。

2014年看起来并不那么平和,俄罗斯吞并克里米亚令包括美国在内的全世界震惊,法国阿尔斯通公司的竞购案在制造业和互联网掀起的动荡并不比普京得到克里米亚低多少。美国巨头通用电气与德国巨头西门子互相赤裸裸地亮肌肉、秀实力,都希望能像普京一样给世界带来些格局改变。

无论谁胜谁负,制造业的格局必然要风云大变。2014年4月27日,在得到通用电气要收购阿尔斯通传闻72小时后,西门子发表声明意图加入这场争夺战。

经过一系列的谈判、提价，通用电气和西门子的报价都在极速飞涨。西门子联合三菱重工出资146亿欧元（约997亿元人民币），通用电气开出124亿欧元（约850亿元人民币）的报价。

显然这对法国政府及阿尔斯通公司十分有利，因为当初他们的预期不到90亿欧元（约614亿元人民币），无论最终与哪家企业成交，都是一桩划算的买卖。不过，西门子和通用电气两者有竞争的因素，但是他们也看中阿尔斯通公司，因为这家公司被誉为世界上的"工业红宝石"，在世界拥有很好的美誉度。经过数月的谈判，最终通用电气以总额为169亿美元（约1047亿元人民币）取得了争夺战的胜利。尽管西门子最终出价比通用电气高出很多，但是因为有法国政府的参与，意味着这是一场有政治色彩的公司收购。

尽管西门子在此次收购失败，但是两者旗鼓相当的态势将长期保持下去，下一局的较量胜负谁又能说得准呢？不过可以肯定的是，在工业4.0的这场变革中，两者的竞争会更加频繁和剧烈。

通用电气布局中国。在"工业互联网中国峰会"上，通用电气首席执行官杰夫·伊梅尔特称："我们已经步入新工业时代，世界上的制造业通过软件和硬件的融合，将带来极大的发展空间。"

通用电气要实现机器与设备的互联互通、大数据分析、智能制造，显然在中国布局十分有利。一是中国拥有世界上最多的人口，可以为通用带来庞大的潜在市场；二是中国为世界上最大的发展中国家，一些人力资源、技术资源等都很廉价；三是中国经济保持持续高增长状态，会产生巨大的经济增长红利。

第四章
美国自上而下的工业4.0

2025年之前,通用电气规划在中国设置40个大数据基地,到目前为止在中国已经启动了12个工业互联网试点项目,与东方航空签订战略合作协议就是一次试点。

2014年3月,双方签订战略合作协议。通用电气汇总东方航空3年时间内的500多架飞机,累计超过200万航班的飞行数据。这有利于东方航空降低意外事故发生率、预测发动机涡轮叶片的损伤情况,并制订降低维护成本和油耗计划。通用电气要涉及的领域有很多,例如为医院制定了资产管理系统。这一系统将录入医院大型医疗设备申请采购、维护费用、报废等生命周期的所有信息,进行优化结构,完成资产的管理与分配。这一改进使患者的预约等待时间从40天压缩为7天,医院的整体运营效率也得到了大幅度提高。

4.5 疯狂收购制造业的Google

2015年7月22日，谷歌（Google）股价已接近700美元，总市值为4774亿美元（约2.964万亿元人民币），是仅次于苹果的全球第二大科技公司。

Google公司成立于1998年，总部位于美国，创立初期以互联网搜索引擎为主，完成原始积累后，开始了一系列"去搜索化"的进程。如在视频、社交、邮箱、新闻、地图等领域开始涉足，并得到了飞速的发展。这都得益于Google公司的并购策略。

Google公司2005年收购Android，2006年收购视频分享网站YouTube，2011年进行了收购摩托罗拉移动等130多项收购。这最疯狂的两年收购期里，平均每7天都会发生一次收购。这些收购案意图构建Google公司的生态圈，同时也是向微软、苹果等实力强大的竞争对手主动出击。

1. 与微软竞争移动互联网话语权

微软公司长期以领导者的身份引领美国科技市场，尽管微软没有谷歌那么有活力，但是依旧不会轻易让出自己的市场。微软公司与英特尔公司联合打造WinTel体系，使其在电子信息市场占据统治地位。而在云计算的时代，这种模式即将打破，微软需要面对苹果公司、谷歌的挑战，在市值上后两家公司都以绝对优势超过微软，这使得微软不得不注意这两个闯入者的一举一动。

谷歌是云计算的发起者，在云计算上占有绝对优势；苹果在智能手机上占有绝对优势，这等于从两个方面完成了对微软的围攻。

为了抢占市场，谷歌表现出强大的野心。2006年，谷歌公司斥资102亿元收购视频网站You Tube，在当时You Tube占据50%的美国网络视频市场，它与谷歌的视频合并后，市场份额接近60%。此外当时全球第二大社交网站My Space选择与谷歌开展深度合作，并且将微软拒之门外。两年后，谷歌以192亿元收购位居谷歌和雅虎之后、排名第三的互联网广告公司Double Click，这使得微软在互联网广告源上几乎没有收入，微软从此也变得越来越被动。

2. 与苹果在移动互联领域展开角逐

对于谷歌来说，只要是新兴互联网领域，它都要涉足。显然这必须会遇到市值比它高出许多的苹果公司，苹果以手机、平板电脑为主打产品，并绑定有苹果研发的系统。在2005年，谷歌收购操作系统公司Android，正式进入手机操作系统市场。两年后，谷歌联合全球数十家运营商、手机制造商和芯片制造商成立Android联盟，终于使移动终端领域竞争爆发。

为了使Andriod系统更有竞争力，两年后，谷歌又收购了美国图片公司Image America，这使得谷歌Maps和谷歌Earth的卫星图片更清晰。苹果当然不会坐以待毙，于2010年7月收购了Poly9，这一项跨平台的3D地图服务，苹果对其寄予厚望，以期它能取代Google Earth。

在广告领域，谷歌以46亿元收购美国最大的移动广告发布平台AdMob，AdMob可以向iPhone、Android等智能手机发布广告。苹果随后以17亿元收购AdMob的竞争对手Quattro Wireless。

在音乐领域，苹果以1亿收购在线音乐网站Lala.com，而谷歌则收购了苹果应用商店的强劲竞争对手Simplify Media。

在智能搜索领域，苹果收购了视觉搜索公司Plink及声控搜索公司Siri。而此次谷歌的收购力度更为强悍，在2011年8月，谷歌更大的战略性收购是以775亿元收购摩托罗拉移动，摩托罗拉移动拥有1.7万项专利，从而避免了微软和苹果的专利诉讼，同时这也强化了谷歌的地位，并且让苹果公司不得不去应付这个难缠的强大对手。

3. 深入布局移动互联网，整合上下游产业链

2012年，谷歌的收购放缓，仅收购了移动办公软件QuickOffice、消息服务Meebo、网络安全创业公司Virus Total等少量公司，也与此前7天收购一家公司的速度难以相匹敌。但是此类布局显得更加深入，因为这些收购都是为了移动互联网、社交网络。让人意想不到的是，谷歌出售了如Wave、Buzz、Slide在内的众多产品，这一系列运作让谷歌的三大格局更加清晰化（见图4-4）。

谷歌以互联网搜索为起点，一步步扩展到移动运营商、手机制造商、芯片厂商、软件开发商和内容服务商等，这一系列的操作

使其完成了从芯片研发到智能终端再到内容的全产业链整合,从而占据移动互联网竞争的制高点。

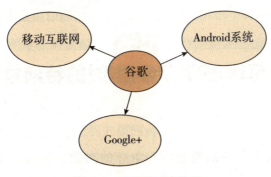

图4-4 谷歌的三大格局

4. 工业4.0的产物：谷歌眼镜

谷歌在收购的速度和力度上让世界震惊,其在研发上也够给力,其谷歌眼镜就是工业4.0时代的产物。谷歌眼镜拥有智能手机所需要的功能,例如,显示、拍照、语音等,但其比智能手机更方便、用途更广,因为其还设有振动传感器、触摸板等。通过这些设置,谷歌眼镜具有可视化功能、医疗诊断协助功能、通信功能等,这即为市场上最火的概念"可穿戴设备"。此设备可以通过感官知觉或肢体动作实现对移动互联网的控制。例如用户可以通过眼神的转动发送特定的指令,从而摆脱智能手机或PC设备的接触控制。可穿戴设备是大势所趋,MetaPro、三星和爱普生等公司也开始研发类似的硬件,希望在这次工业4.0变革中取得先机。

谷歌是个十分有活力的公司,其扩展领域不止于此,凡是与工业4.0和移动互联网相关的领域,谷歌都会想办法去参与并占据市场。

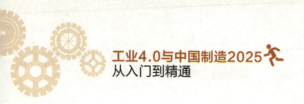

4.6 峰值可达297.7公里/时的特斯拉汽车

汽车业一直是制造业巨头争夺的对象，因为其庞大的用户群、高昂的价格使得厂商都竭尽全力去扩大生产规模，然而这个世界早已不是规模为王的时代，想要得到巨额收益必须在研发上投入巨额资金。工业4.0时代，面对德国宝马、大众等巨头在智能生产上的尝试，显然美国的巨头也不会错过。

特斯拉（TESLA）汽车被誉为"汽车业的苹果"。特斯拉的设计很先进，通过一块17英寸（1英寸为2.54厘米）显示屏取代了传统汽车的按键模式。只需要轻轻一点显示屏就能操纵整部车，像苹果智能手机一样随意，此外其显示屏的整体界面也很简约，将一些不相关的应用都排除在外。如果你想打开天窗让新鲜空气大量地流进来，只需要用手指按着屏幕把天窗的图标拉上去就可以。当特斯拉汽车开到车库门口的时候，提前设置的Homelink功能就会通过网络识别所驾驶的车，如果确认是自家的车后，车库门会自动打开。

个性化定制是工业4.0最突出的表现之一，特斯拉也可以实现。特斯拉ModelS提供9种车身颜色供用户根据自己的喜好进行挑

第四章
美国自上而下的工业4.0

选,分别是银色、灰色、纯黑、纯白、蓝色、绿色、棕色、珍珠色和红色,当然这对于广大汽车供应商来说,并不是什么难事。不过特斯拉做得更彻底,用户可以自定义车顶、内饰。如果用户不喜欢一些设置都可以在这里单独清掉。

如果您家有小宝宝,你可以另外要求加一个儿童座椅;如果你家有老人,也可以专门设置老人座椅。特斯拉能完成如此多的细节,与其强大的工厂制造能力是分不开的。

在美国北加州弗里蒙特市有一座"超级工厂"就是特斯拉的生产制造基地。"超级工厂"是公司花费巨资进行打造的,当然制造能力也极其高端。在"超级工厂"里,有160台机器人,并进行排列组合,来参与各个制造环节:冲压生产线、车身中心、烤漆中心和组装中心。这些机器人也是工厂的主力成员,其中在车身中心,你会看到世界上最先进的机器人,这类机器人只有一个巨型机械臂,但却能执行多种不同任务,包括车身冲压、焊接、铆接、胶合等工作。在焊接环节,他们可以用点焊钳启动,然后松开钳子,拿起夹子,粘车身面板。这种灵活性很高,高效的工作流程是非常重要的。在访问期间,每个机器人都必须完全正确,否则会导致整个生产过程的停滞,所以他们的"教学与训练"就显得尤为重要。

特斯拉团队在训练前的机器人花了一年半的时间。当车辆组装完成后,在车间顶部的"运输机器人"能够吊起整个身体,输送到下一个流程。有可弯曲胳膊的"喷漆机器人"全面为车身上漆。

送到装配中心后,"机器人"除了能连续安装车门、车顶,还将完整的座椅直接放入汽车内部,这简直是令人咋舌。有趣的是,装配中心"安装机器人"还可以拍照片。因为当你安装了全景天窗时,它将首先采取屋顶上面的照片,通过测量精确方位拍摄天窗,最终完成安装。

在车间,基本自动化的不同方面由机器人"智能汽车"(自我导向智能车)之间引导车辆运输来完成。提前设计磁性材料路线,将能够按照路线的指导,在工厂之间穿梭。除了车身颜色,客户也可以对一辆白色轿车的黑色车顶定制。如果你认为一个电动开关的后备箱不要紧,你可以选择不要。其他定制需求,如添加儿童座椅,或添加一个软件来实现与速度,所有这些特斯拉是可以实现的。

毫无疑问,特斯拉已经成为硅谷的新宠儿,掀起了全球智能电动车热潮。在世界上,如特斯拉这样"智能产品+智能生产"的企业很少,而且这是特斯拉4.0时代的工业雏形。硅谷,这片神奇的土地,孕育了许多伟大的公司:谷歌、苹果、特斯拉、雅虎(Yahoo)、甲骨文、思科、惠普、英特尔等。当然从这里也走出了优秀的企业家史蒂夫·乔布斯、比尔·盖茨等。在这个多元化的世界里,未来还会出现很多改变世界的产品。

第五章
日本人工智能的工业4.0

继德国、美国提出工业4.0方面的计划后,日本也提出了人工智能计划。日本的人工智能主要侧重于对机器人的研究和制造,这对日本来说,是不得已而为之的事情。日本老龄化正在加剧,国内存在大量70岁的老人赡养90岁老人的状况,这对日本来说,如果在机器人领域得不到重大突破,日本会因劳动力不足而走向衰落。

5.1 日本机器人新战略

日本一直在世界保持工业机器人产量、安装数量第一的地位。2012年，日本机器人年产值约为170亿元，在全球占据接近一半的市场份额。其当年安装量约30万台，占据全球23%的市场份额。在机器人主要零部件领域，占据全球90%以上的市场份额。德国工业4.0概念被越来越多的人和国家接受，像美国一样，日本也紧急制定了适应本国发展的政策。

2015年1月日本制定了国家级发展战略——《机器人新战略（Japan's Robot Strategy）》。要实现此战略，必须减小机器人操作的复杂程度，让普通人也能够很好地使用机器人。

目前机器人主要使用领域集中在汽车、电子制造产业，这些机器人被安排到大规模的生产线上。在不久的将来，机器人还会在医药、食品、化妆品等领域进行开拓。

对汽车、电子制造产业等已经进入的领域，必须缩短产品生产周期，这就不得不使一些复杂的工序进行压缩。目前比较流行的模式就是模块组合模式，这一模式能很好地把工序总数减少。

在日本机器人新战略实行之下，信息化融合技术变得越来重要,以必须实现"自律化""数据终端化""网络化",最终打造世界上最先进的机器人(见图5-1)。

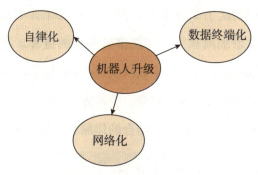

图5-1　机器人升级计划

纵观最近30年,只要掌握核心技术就有可能获得高的附加值。所以机器人新战略必须在全球获得大数据,进而完成由小数据到大数据驱动型的转变。日本机器人新战略已经摆脱传统机器人的概念,它们要求机器人具有传感系统、智能控制系统、驱动系统等尖端技术功能。

在工业4.0时代,大数据呈现爆炸性增长,机器人完全可以拥有去中心化的驱动系统。机器人通过自己的识别技术,确认自己需要做的操作,不需要人为操控即可完成整个流水线的生产任务。

日本在机器人新战略上的突破,主要从三个方面着手,其内容如图5-2所示:

一、	打造全球创新基地
二、	打造全球应用社会
三、	打造网络互联平台

图5-2　需要突破的三个方面

1. 打造全球创新基地

日本的创新能力十分强悍，但这不足以让日本提供创新的土壤。日本必须增加凝聚力，才能推进创新的进程。日本联合产官学（the Combination of Industry, Official and University）而诱发创新。所谓产官学即产业界、政府、学术界。日本政府及学者专家与企业通力合作，实行产官学三结合的体制，是日本战后经济起飞的重要经验。

为此，日本成立了"机器人革命促进会"，以协调不同机构的职责分配，共同推进机器人新战略。具体来说，通过政府和学术界及院校与厂商合作，当学术界及院校在技术领域取得新发明或新发现的时候，厂商就可以根据这项发明或发现来考虑是不是可以投入商业用途中来。此外"机器人革命促进会"还负责起草一些国际性方案，如日本需要不断培育给社会带来变革的机器人创新体制。日本"机器人革命促进会"还负责起草日美自然灾害应对机器人的共同开发等国际合作方案，起草国际标准战略，制订管理制度改革提案等。

"机器人革命促进会"还可以提供最前沿的实验环境，让世界各地的机器人挑战者都参与其中，通过思想和技术碰撞产生新的创意。

为了为机器人战略提供更多的人才，日本还进行职能培训。通过与厂商的合作，让机器人革命的关键性人才参与到实际项目中去，让这些人才在实践能力上得到大大的提升，同时也为日本提供了高级人才的储备。

根据不同人才类型，日本采取了差异化培训策略，制订有针对性的差异化人才培养系列方案。同时政府也对研究机构和大学院校进行项目扶持。

2. 打造全球应用社会

日本通过对机器人质量的把控，进而将所生产的机器人销往全球。通过在制造业、服务业、自然灾害应对、医疗业、基础设施、大型工程建设、农业生产等领域广泛使用机器人，人为地创造了机器人所需的生态环境。

为了保持日本机器人的竞争力，日本在打造全球应用社会的同时，更加注重对大数据的利用。机器人研究部门通过人工智能、感知与识别、驱动以及控制等技术完成对机器人的头部、眼睛、手指的核心技术测验。

此外，为了产生更大的附加值和效应，研究机构还对能源、材料、通信、安全、大数据、人机接口等领域进行研究。通过大量的技术研究，全球应用社会被慢慢普及。如，日本研发的机器人可以通过语音识别技术，打造无操作难度的"零门槛"的机器人。

3. 打造网络互联平台

在大数据、物联网时代，掌握了网络互联平台意味着掌握了全部信息。以往需要花费巨资完成的数据调查，现在只需在应用软件轻轻一点就能知道所有的信息。

日本政府预计要在接下来的5年时间里投入20亿日元对机器人项目进行扶持，并为这些机器人相关的企业制定多项利好政策。

以上三点战略，如果日本能够完美地实现，那么日本的目的就达到了，即给全球制定机器人国际标准。根据历史经验，给行业制定标准的国家拥有变革最大的红利，这从英国第一次工业革命、美国的技术革命都能够很直观地看出来。

5.2 人工智能是突破口

近10年来，日本仍坚持制造业是国家根本，并清楚地认识到信息技术决定制造业的发展。所以信息技术要与制造业相结合，而不是降低制造业的重要性技术。

作为工业化大国，日本的工业4.0有一个非常鲜明的特点，老龄化是日本一个严重的问题。日本政府很重视人工智能的发展并给予这些企业优惠税制、优惠贷款、减少税收等多项政策支持，使得人工智能技术在日本实现迅速发展。

另外，尽管信息技术的重要性日益增加，但日本政府仍对高端制造业加大投资。此外，作为战略性的考虑，日本继续增加对新兴的3D打印技术的投资。那为什么日本对人工智能投资那么多呢？日本希望引领时代潮流是一方面，另一方面是日本进入"超老龄化"时代。日本男性的平均寿命是79岁，而根据日本公布的数据显示，去年65～69岁的老年劳动者约374万人，这是一个可怕的数字，因为日本65～69岁的人群约918万，相当于占这类人群的40.7%，与2013年相比增长了近10%。

高比例的老龄化人口结构源于第二次世界大战。战争结束之后，远赴战场的军人解甲返乡，同时国家又实施了一系列政策，最终导致"婴儿潮"的爆发，这在日本被称为"团块世代"。

在1947年之后的几年，日本新生婴儿大量增加，这些人就是目前年龄在65~69岁的人。他们曾经是20世纪80年代的主力军，为日本国家的发展做出了很大的贡献，然而这一部分人已经步入退休年龄。

根据国家公布的数据，2013年10月，日本65岁以上老年人口占总人口的1/4。在最近两年这一比例还在提高。根据联合国的规定，当一个国家65岁以上人口数量占总人口比例超过20%，即进入"超老龄化"。高的老龄化比例产生了大量的社会问题，日本政府不得不拿出超过30%的财政收入解决这些人的社会保障。目前日本的财政赤字率是全球最高的，财政赤字总额是国内生产总值的两倍多。

同时赡养负担也在加重，在许多地方出现70岁的老人赡养90岁老人的状况，并且这一情况还在恶化。日本1965年9.1个劳动人口赡养1个老人，2012年2.4个劳动人口赡养1个老人，而到2050年将变成1.2个劳动人口赡养1个老人。与之相对的是，日本的总人口自2008年开始出现下降，新生儿出生率也创历史新低。

据日本研究所推算，15年后，日本总人口将由2010年的1.28亿人跌至1.17亿人，2050年人口为9708万人，老龄化率将变为39%。

2007年日本夕张市出现"城市破产"事件。夕张以煤炭之乡而闻名于世。在1960年全盛期，总人口超过12万人，随后人口的急剧减少，使得大量煤矿厂倒闭。到了1990年，人口跌落到2.1万

第五章
日本人工智能的工业4.0

人，最后一家煤矿厂也倒闭了，到2015年人口不足1万人。"夕张现象"被作为一种现象级案例出现在各国人口研究院里。专家预计5年后，夕张人的平均年龄将为65岁，现在平均年龄约60岁。

日本丽泽大学清水千弘研究室研究报告认为，"夕张现象"表明日本已进入超高龄社会。总人口的减少、劳动力不足，导致日本人均购买能力变差。日本的商业、房地产都会受到波及，2040年日本地价会变为2010年的1/3。如果想要恢复到当前地价水平，不得不让法定劳动年龄由64岁提高到74岁，这意味着退休后5年就是面临死亡，这是一件多么令人痛心的事。

"超老龄化"问题导致日本的生产创造业没有更多的劳动力去完成平时很容易完成的巨大工程。这就使日本不得不在人工智能上下功夫。这也是日本要走人工智能之路的反向动力。

1. 日本必由之路：人工智能

日本工业4.0集中在对人工智能领域的探索，以解决劳动力不足的局面，并为保持日本在世界的地位提供原始动力。现在日本对人工智能方面的公司很是支持，这也使得许多公司越来越偏向于在智能化生产上发展。

日本汽车巨头本田公司已经建成世界上最短的高端车型生产线，这一变化使日本做出了重大的改变。生产线上大量使用机器人进行无人工厂化操作，这条生产线压缩了50%的焊接工序，由18道变为9道；其他类似工序上也做了大幅度的压缩。其实，日本在工业机器人生产方面一直走在世界前端，日本自1990年就已经开始使用工业机器人，到目前已经是第四代工业机器人。

智能化是日本必须走的道路，并且日本把智能化做得很好。许多国家的公司仅仅通过简单流程分解，最终使其简单地流水线生产，如国内的很多手机生产线都是这种模式。而日本却反其道而行之，因为分解的程序越多，意味着完成一项生产任务就需要大量机器人参与，机器人在对接的过程中不可避免地出现时间浪费，这对企业来说是最大的成本浪费。

本田公司通过技术研发，把许多工序集中到一个生产流程上，从而实现生产线的流程精简。这使本田在资源利用率上得到了大大的提高。当然这也意味着机器人的操作难度增加，研发部门必须使机器人具有一定的智能。

当你走进本田的生产车间，你就会被其逻辑思维能力震惊。本田实行全球标准化车间，规定只有某一个工厂在一个工序做到了绝对高效，那么这条标准化生产线才能作为主生产线得以保留。如果不是，那么这条生产线就会作为副生产线而使用。这样的设备使主生产线不受打扰，从而大大提高生产效率。

其实本田只是众多巨头中的一个。如生产数码照相机的佳能公司通过不断改进，从"单元生产"到"机器单元"，再到创立世界首个数码照相机的无人工厂。

日本著名汽车零部件公司日本电装公司运用先进的工艺，使铸件的生产成本降低了30%，能源消费量降低50%。这类的企业在日本不胜枚举，归根结底要想实现市场竞争力的提升，走智能化路线必是不二之选。

2. 日本加大对人工智能方面的投入

由于日本所处的社会现状，日本不得不将机器人由制造业向服务业转向，由于日本在机器人方面做得很突出，许多企业的业务都飞向了海外。

日本安川电机是全球四大机器人企业之一。安川电机在2013年机器人业务收入1225亿日元（1日元=0.0515元人民币），运营利润达到95亿日元（约4.89亿元人民币）。这家企业在机器人产品方面主要的任务是焊接、点焊、喷涂、组装等。由于汽车行业是机器人需求量最大的产业，安川机器人很重视这一方向业务，仅2013年安川电机就销售约29万台机器人，大多数为企业客户。

此外，安川电机在海外都设置了服务中心，如泰国曼谷服务中心、中国成都服务中心等。这类的服务中心拥有十分明显的本土化特征，旨在根据地域性的差异，进行个性化调整。2013年5月，安川还开始在中国常州生产机器人，以满足当地市场快速上升的需求。11月，日本第二个新工厂也投入运营。除了工业机器人，安川电机还在发展用于医院等领域的服务机器人，并从日本扩展到欧美市场。安川计划2014年强化工业机器人业务，并扩大海外市场，将在中国青岛等地增设两个新的机器人中心，与此同时，积极发展服务机器人业务。

当前，日本1.27亿人口中，每4个人就有1个是65岁以上老人，每8个人就有1个是75岁以上老人。因此，养老看护需求迅速扩大。在这种严重老龄化的情况下，仅靠人力完成看护工作既不可能亦不经济。为此，日本打算将机器人技术广泛应用于养老，一方面解决市场需求，另一方面培育先进的家用机器人产业。

近年来，日本经济产业省等政府部门已经出台了多项指导政策，建议企业加强医疗和养老看护等机器人技术的研究。例如，运用机械外骨骼技术，可以研发出病人和老年人"穿戴"的机械外衣，用以辅助病人和虚弱老人行走活动；运用人工智能和动力设备改造老人常用的购物小车，可以使购物车能够自行伴随老人活动，甚至辅助老人行走；家中的看护机器人还可以通过视频监控、智能识别和分析系统，判断出老人是否跌倒摔伤或突犯疾病，并且立即通知医护人员。要实现这些功能，不仅需要先进的技术，还需要大量医疗看护经验和数据的积累。

同时，这期间研发的技术除了用于家庭，也同样可以用于产业机器人甚至其他方面。例如，机械组成的"外骨骼"不仅可以帮助虚弱的老年人恢复活动能力，也可以成为打造"未来战士"、使士兵力量倍增的工具；而对人体行动的识别、判断和分析，则显然具有广泛的产业和军事潜力。

日本原本在机器人领域就有较好的产业基础，根据日本政府统计，截至2011年，日本的产业机器人在国际市场的份额在50%～57%之间（根据不同计算标准有所区别）。目前，家用机器人尚未形成有效的国际市场，但随着技术进步，消费级的机器人总有一天会走入人们家庭。到时，日本在此领域的先发投入，就有望带来超额回报。

5.3 用3D打印机打印你的住房

日本近期开启了3D打印佛像的浪潮。究其原因是自2007年至2009年，日本寺庙发生100多起佛像盗窃案。日本清泰寺的主持说，为了能够让佛像得以保存，只好用3D打印的仿制品放在大殿，供人们参拜。目前这种状态，慢慢被日本民众所接受。

无独有偶，日本湘南工科大学前职员居村佳知是一位手枪爱好者。当得知3D打印功能后，便在自己家中用计算机和3D打印机打印出枪支零部件，并组装两把具有一定杀伤力的手枪。这在当时很少有人知道，不过当他将自己打印的手枪做成教程式步骤发布在网上后，很快被判刑。

尽管上述是两个让人不愉快的案例，但是这足以说明3D打印时代已经来临。目前全球3D打印市场被美国和欧洲控制着，日本政府不甘心这一局面，到目前投入扶持资金超过3亿元，同时，这一力度还在成倍地加大，当然，这一举措很快收到了成效。

在2015年6月24日的日本工业展（Manufacturing World Japan 2015）上，来自全球超过2300家的企业参展。这个展会由四大展会组成，即设计工程及制造解决方案展、医疗设备开发及制造展、工业用三维虚拟影像技术展。其中,金属加工设备为参展的主力。

这次展会上日本企业占据90%,参观者中绝大多数是行内资深人士。这对日本来说是一次很好的宣传。日本不仅仅组织一些展会,它还将学生吸引了进来。日本3D打印机公司Genkei与东京艺术设计大学的学生联合打造了一台巨型3D打印机——Magna。Magna主要被用于打印大型建筑组件、整体家具,以及小型3D打印机无法打印出来的产品。

Magna采用大型铝合金框架和激光切割的不锈钢板,以减小振动电机对质量的影响,此打印机最高可达5米,最大打印尺寸为直径1.4米、高3米。根据现场展出试验,我们可以看出这款打印机十分灵活,打印出来的产品也很细腻。据参与者预测,此打印机经过一定改进后,即可走向市场。尽管许多评论者认为这代表不了日本最高端的3D打印技术,但是这种由学生直接参与研究的情况在别的国家并不常见。

许多人对3D打印很好奇,那我们接下来看一下3D打印机设计原理。因为其打印出来的产品是三维的,所以3D打印机也称为三维打印机(见图5-3)。

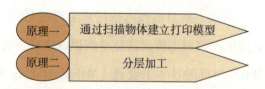

图5-3 3D打印机的设计原理

第一,通过扫描物体建立打印模型。

如果你要想打印你的"人像"。那就需要通过扫描，把你本人的身体数据都输入计算机。这和二维扫描仪比较相像，当然设计难度不在一个层面上。3D打印机由控制组件、机械组件、打印头、耗材和介质等架构组成。3D打印机打印前在计算机上设计了一个完整的三维立体模型，然后再进行打印输出。

第二，分层加工。

模型建立起来后，打印机会在需要成型的区域喷洒一层特殊胶水，胶水液滴本身很小，且不易扩散。然后是喷洒一层均匀的粉末，粉末遇到胶水会迅速固化黏结，而没有胶水的区域仍保持松散状态。这样在一层胶水一层粉末的交替下，实体模型将会被"打印"成型，打印完毕后只要扫除松散的粉末即可"刨"出模型，而剩余粉末还可循环利用。最终需要打印的3D产品在一步步分层加工中成型。

介绍完3D打印原理之后，我们来看一下应用实例。

在一次试验中，日本外科医生拿着一片柔软湿润的"肺叶"，"肺叶"上能看到有"血管"和"肿瘤"。当他用手术刀切割这片"肺叶"上的"肿瘤"时，血液从切口上慢慢流出。这个被切割的"肺叶"其实是用3D打印机打印出来的。

日本Fasotec公司是一家致力于3D打印技术的公司，此公司可以打印出肺等仿真人体器官，在试验用的尸体紧缺的情况下，这对实习医生来说，这是一个很好的替代品。这可以帮助实习医生更容易地掌握实习内容。

这种替代品有一个专有的名字，即"生物质地湿模型"。在

3D打印技术之前,学校或医院提供给医生实习的器官模型过于简单,根本无法完全模仿手术中人体器官的真实反应。3D技术则能够细致入微地扫描一个真实器官,以打印出栩栩如生的器官模型。在打印出"肺"的外壳后,还会注入凝胶型合成树脂,给予医生一种湿润且真实的触感。每一片"肺"在重量和纹理上都严格遵循真实人体器官的样子,以便在医生手术刀切割的时候能感受同真实人体器官一样的效果。

Fasotec公司创办人木下西角说,这种打印出来的器官,除了能让医生感受到器官的柔软度外,也能让他们看见器官流血时的情况。

使用过这类模型的神户大学医学系研究科学院的杉本真希医生认为,模型几乎"太真实"了,如果不仔细分辨,很容易将模型当成真的。他觉得3D打印器官不仅可以帮助经验不足的年轻医生上手,比较熟练的外科医生也能借此训练,在实际工作中取得更好的手术效果。

东京慈惠会医科大学医学博士森川利昭认为,3D打印为医学提供了无限的可能性,有朝一日还能用于器官移植。尽管目前用于移植的3D打印器官方兴未艾,但还处在很不成熟的阶段。

东京大学医学系附属医院利用3D打印机和基因工程学技术,成功开发出了能在短时间内批量生产可移植给人体的皮肤、骨骼和关节等的技术。未来5年内,日本政府还将出资25亿日元(约合人民币1.3亿元)援助5个科研组织,开发使用3D打印机打印可以移植的人体组织和器官技术。有了如此雄厚的资金支持,受到资助的大阪大学等研究机构将迈入3D生物打印领域一流研究团队的行列。

　　日本3D打印技术通过学术界、高等院校、政府、企业的联合，慢慢实现了在医疗、工业设计、建筑、工程和施工、航空航天、汽车制造等领域的应用。同时这也是工业4.0时代的产物，因为只有大数据才能让3D打印实现最终的飞跃。

5.4 有灵魂的机器人

与德国、美国的机器人相比，日本的机器人显然更胜一筹。因为许多国家仅停留在类似面部表情这样的表层工作，日本已经在设计如何让机器人成为真人，并让其拥有独立的思想。

日本关西大学的科学家一直在这方面努力。关西大学Tomoko Yonezawa博士和她的团队正在做一项测试。如果这一项目可以完成，机器人根据天气情况就会做出自己的举动。他们希望机器人面对天气能做出随机反应：当天气冷的时候，他们可以像常人一样起鸡皮疙瘩；如果天气太热的时候，机器人还会出汗。同时，这一机器人在说话时，也会有呼吸。这一呼吸功能相对简单，只是设计了一个小小的风扇装置而已。不过当气温升高时，如果机器人能够散发一些正常人的体味就更好了。因为那像一个真人。

Tomoko Yonezawa博士和她的团队认为，只有机器人拥有自己的随机反应能力，人们才更喜欢它们。因为消费者不喜欢一个像木头一样的椅子放在家里，他们喜欢家里有一个像宠物的机器人。如果能实现这一效果，那么我们不会再见到灵魂冰冷的机器了。

日本的机器人产业十分发达，日本有许多关于机器人的动

第五章
日本人工智能的工业4.0

画片或电影,如铁臂阿童木、机器猫等。有一家开业的"智能酒店"就引入了美女机器人,这个机器人可以像前台工作人员一样为客户搬运行李、打扫卫生,甚至为客户送上饭菜。

对于没有女朋友的男孩来说,日本绝对是个好地方。因为日本已经推出机器人女友。在2014年的机器人设计周上,机器人被设计得栩栩如生。为了使"皮肤"更有质感,他们采用了特殊的优质硅材料。

对于面部表情,在这里显然很任性,因为这是智能机器人的一项基本功能,有趣的是这里的机器人可以拥有能让眼睛保持灵活的电子动物肌肉。在当天的发布会上,一个美女机器人甚至可以在别人邀请她拍照时鞠躬致意。对于喜欢独居的人来说,显然这是一个很好的排除寂寞的方式。不过说起能排除人们寂寞的机器人,有一种机器人更适合他们——护理机器人。

日本是个高老龄化的国家,并且这一趋势还在不断加重。日益增长的老龄人口已经严重阻碍了日本经济的发展。在医院,护理人员的工作很繁重,医院对护理人员的需求也很多。不过,日本政府正在加大对护理机器人的开发力度,政府希望老人的基本起居,可以通过护理机器人来完成。在日本的一家养老院,日本使用了两个机器人进行试验。它们可陪伴老人游戏、唱歌、跳舞等,颇受欢迎。当听到有人夸奖它时,小海豹机器人还会眨眨眼、转个圈、叫几声以表示很高兴。未来日本政府想要普及这些机器人进入各个老年家庭。

护理型机器人慢慢引入一项新的功能——安慰老人。由于日本

子女多数时间处于工作状态，老人的心理有时会感到很空虚。而这一功能使机器人好像老人的一个宠物，当老人抚摸机器人时，机器人可以做出多种表情，并可以与老人进行简单的交流。与传统的宠物狗、宠物猫相比，这种机器人更受老人欢迎，因为这种机器人可以照顾老人，又能帮助老人缓解心理上的寂寞，当然这种机器人不会给老人添乱。

《阿凡达》在全球上映后，瞬间引爆电影市场。人们被电影里的一些场景震撼，不过这一场景很快转为现实。日本庆应大学研究人员正在研制一种阿凡达式的机器人。这个机器人可以感知周围的环境，并能向控制者反馈视觉、听觉和触觉的感受信息。如果这一研发能实现，那么阿凡达的大部分功能就可以在现实世界中实现。

机器人拥有简单的操作和反应能力，不过这不代表它的智能很低。2014年3月，在日本东京，一个机器人与日本棋手佐藤真矢下日本象棋。这个机器人由日本汽车零件制造商Denso研发，并通过电脑游戏软件Yaneura Ou进行操控。大量的实验证明，日本的这种机器人完成可以战胜人脑。类似这类的博弈有很多。日本国立情报学研究所研发的机器人参加了全国性模拟高考，结果显示，这一系统在900分满分的情况下考出386分，考入可能性达80%以上的私立大学有472所，占日本所有私立大学的八成。

尽管机器人的成绩在不断提高，但是，这一人工智能系统在数学问题上，无法像人类一样利用图表获得直观理解。在英语方面，无法应对带图的选择题。在模拟考试之外的政治经济科目中，人工智能无法理解"民主主义"等常识。

项目带头人——日本国立情报学研究所教授新井纪子说:"这是为了了解人工智能的极限。弄清人类和机械如何协作,是发展日本经济的关键。"

如果你新买了一辆自行车,而自己不会骑,那么恭喜您,你很快就不用为此发愁了。日本研发一个会骑车的机器人。这种机器人能够骑行在与车轮宽度同样大小的平衡木坡道上,即使在停止的情况下也不会倒下。不仅如此,这个机器人在发现障碍物时还可停车或后退。有如此高超的车技,主要因为这款机器人带有姿势控制的陀螺传感器、传送接收命令的蓝牙模块、眼部摄像机等。如果制造人再进行适当改进,机器人完全可以骑着自行车,而让用户坐在后座上。

上述的事例都在说明日本的机器人正在向高智能转变。那么我们看一下机器人是否能够拥有灵魂或独立思考能力。

人与机器人的共性都是由物质组成,但是机器人却没有灵魂。从微观层面分析人由细胞构成,而机器人只是简单的化学材料。

细胞构成庞大的系统可以根据环境的变化进行重新分工和组合,并通过新陈代谢维护自己恒定不变的特性。人的思考能力一般多是依据环境的变化而做出的。归根结底,机器人要想实现这类的反应,那么它就具有了灵魂。尽管这种能力只是初等智能,但是足以完胜目前市面上大多数的智能机器人,这也是日本机器人未来的发展方向。

其实人类也是一步步进化而来,人类初期能够做出的行为也相对简单,随着环境的变化,人类不断自我进化,最终成为拥有高级智能的。

通过对日本机器人的研究，我们发现，机器人分为实体部分和虚拟部分，机器人的机械部分和计算机硬件就是实体部分，而计算机中运行的程序就是虚拟部分，可是由于现代计算都是建立在精确计算之上，计算不可能存有自由的发挥，也就扼杀了灵魂产生的可能，只有引入随机，才能最终产生灵魂。灵魂就是一个能够自知、自明的虚拟运算。

在制造灵魂方面，我们还是需要参考人的大脑。人的大脑是个复杂的处理系统，包括许多神经元等组织。计算机的处理能力按照摩尔定律描绘的速度呈指数曲线发展，即使现在计算机的处理速度还不及人脑。工业4.0的来临，使得计算机的处理能力有可能大大超过人脑。计算机目前的数据处理方式还相对单一，但是随着计算机处理能力的提升，计算机将能够模拟任何物质运动方式。比如现在的动画片中计算机可以模仿三维运动，未来还能模拟更复杂的运动；计算机陆续在计算、下棋、机械控制方面赶超人类，最终将在思维方面超越人类。由此可见，计算机将在未来达到并超过人脑的能力。

当然在赶超人脑方面，计算机需要丰富处理方式，以模仿和接近人脑的思维方式，这种方式是人脑的优势，也是未来与人脑沟通和接轨的基础。

人脑的生物结构决定了结构与功能的不可分离性，由于生物需要苛刻的生存条件（温度、湿度、大气成分、丰富的有机食物、低辐射环境等），以及生物寿命的限制，病毒环境，生物很难长久生存，也很难走出地球生物圈，人的生存空间狭小而脆弱，人的寿命短暂。计算机不仅生存空间巨大，生存条件简单，还可以备份，这就极大地保证了生命安全。

　　人的灵魂包括人的记忆、个性、情感、意志、能力等，这些都是可以在未来通过科学手段读取和在机器人中再生的，而保持生命感觉的唯一性也是可以通过感觉融合和渐进关闭的方式实现，就好像我们在通过楼梯时声音感应灯的渐次亮起与渐次熄灭（见图5-4）。

图 5-4　灵魂机器人

　　未来可以采取两种方式生存：虚拟生存和实体生存。由于云计算的兴起，计算资源就如同大陆一样延展开来。运算和存储都是分布的和虚拟的，因此未来的个体可以存在于虚拟世界，由于人是未来生存的关键元素，未来的虚拟世界依然会非常精彩。实体生存则是借机器人的"躯体"还魂。

　　未来社会是无比精彩的，未来社会也是健康的，未来不是谁能主宰的，而是未来人类共同创造的，社会的多极化是不可阻挡的历史潮流，不论任何人、任何团体、任何国家都不可能控制世界，不可能左右未来的发展，未来将依照自身的规律前进，而任何阻挡历史车轮的人将会被淹没。我们却可以顺势而为，为未来的精彩而奉献力量。在未来的趋势刚刚形成的时候，抓住未来趋势能够跟随这种趋势共同成长，将成为最大的受益者。

第六章
中国的工业4.0

中国经济在2010年，成功超过日本，成为世界上仅次于美国的第二大经济体。中国经济的高速增长，给国民带来了福利。但是从国家层面来说。中国需要把大量的资本投入到技术研发上去。此外，随着中国经济的增长，中国劳动力成本不断上涨。这使得越南等一些国家在劳动力成本上占据优势，从而导致了大批工厂从中国撤离。

6.1 工业4.0是中国制造业的必由之路

在2015年的两会上,国务院总理李克强在《政府工作报告》中第一次提出要实施"中国制造2025",并确定了以"坚持创新驱动、智能转型、强化基础、绿色发展,加快从制造大国转向制造强国"为主题的方向。

在"中国制造"风靡全球的时候,中国的经济得到快速发展。小至纽扣、吸管、笔芯,大到轮船、汽车,从2008年中国奥运会到世界杯,"Made in China"的标志随处可见。中国制造业为世界提供大量的工业产品。有人评论说,如果没有中国制造,全球的工业产品价格会出现大幅度的上涨。

经过长期的经济高增长,在2010年,中国制造业的规模已经成为全球第一,中国制造业净出口也排名第一。中国制造业在价格上拥有绝对优势,以至于所向披靡。国际标准工业有22个大类,中国排名第一的有七类。在细分领域,中国有超过220种工业品排名世界第一。

当然,中国制造业的快速发展也出现了一些不良现象。由于中国制造业在核心领域没有掌握到技术,只能做一些制造而非研发方面的业务，这也导致了企业投资回报率普遍偏低。由于中国经济增长过多，有些地区污染严重，能源也被大量消耗，这也成为中国以后经济发展的包袱。此外，由于制造业一直处于全球价值链的中低端，很容易被一些劳动力成本低的国家所取代。随着印度、越南制造业的兴起，中国慢慢失去了低成本优势。

全国政协委员、工信部原部长李毅中说："低端制造业，我们存在产能过剩问题，现在竞争不过东南亚等国家；高端制造业，尽管发展很快，可跟欧美等发达国家相比仍有差距。现在中国的工业处于中间地带，受到两头挤压。"当然我国有先进的航天、高铁、核电等产业，但是这不能弥补制造业竞争力弱的局面。

随着全球掀起新一轮科技革命和产业变革的热潮，发达国家顺应潮流，纷纷抛出刺激实体经济增长的国家战略和计划，希望通过技术进步和产业政策调整重获在制造业上的竞争优势。美国制定"再工业化""制造业复兴""先进制造业伙伴计划"，德国抛出"工业4.0"，日本开始实施"再兴战略"，韩国实施"新增动力战略"，法国也提出了"新工业法国"方案。这一系列的改变，使得工业4.0革命在全球铺开，也成为21世纪以来最大的国家角力点。

第一次工业革命使全球引入机械化概念，第二次工业革命全球引入电力生产的概念，第三次工业革命全球引入电子信息技术的概念，那么即将到来的第四次工业革命就是智能化、智慧化的概念。

传统企业需要融合原料、生产车间、运输、销售这四大环节，将产品达到消费者手中（见图6-1）。尽管最终形成了流水线生产，但是只能称作是原始的生产方式。而在工业4.0时代，这四大环节得到再一次融合，因为每个环节都有自己的感知系统、通信系统。

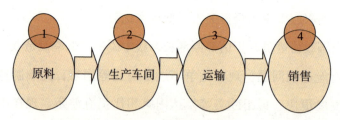

图6-1 传统生产流程

如果消费者需要定制一部手机，通过技术的提升实现生产工序的减少，生产周期降低，同时还可以根据客户的需求，把定制的手机流水线化，这使得整个过程变的高效化。在之前，日本丰田汽车生产周期需要很长的时间，因为其生产过程是全部固定的，时间上无不得到提升。

而在工业4.0时代，客户上午定制一辆汽车，工厂根据自己的需求寻找原料、安排生产、包装交货等只需要三天时间，也就是说客户周五下单，双休日过后就能开着一辆定制的汽车去上班。前文已经提到，工业4.0节省的不止是时间，还有成本。因为生产周期每短一天，就能为企业节省大量成本。这也是为什么工业4.0能节省30%～40%成本的主要原因。

由于中国制造业的生产成本已经与中等发达国家持平，这使得中国不得不把握这次历史重大机遇。目前德国的生产成本比中国平均高15%，当工业4.0实施后，其成本仅为中国的75%～85%，这使得中国的竞争机会接近于0。

当工业4.0全部展开后,"中国制造"的影响力会越来越弱,直至消失。当然,中国面临如此关键的历史机遇很有可能使中国由"中国制造"转为"中国研发",到那时中国的制造业会在高端领域拥有很强的话语权。

6.2 中国制造业倒闭风潮

近两年来,制造业掀起倒闭风潮。在东莞和苏州有不少上万人规模的工厂破产倒闭。

2014年年底,东莞市奥思睿德世浦电子科技有限公司老板欠债1.35亿元跑路。此公司分别欠下债权人债务7000万元、供应商货款3000万元,银行贷款1000万元,还有下游客户货物、员工工资等。此公司所处行业为中小尺寸液晶显示模块行业,其生产出的产品处于制造行业翘首地位,尽管如此,也不得不面临倒闭的命运。

随后,手机配件代工工厂苏州联建科技倒闭,紧接着联建科技的关联公司倒闭,此家公司规模也很大,员工人数近万人。不久,另一家同类工厂闳晖科技也宣布停产。这一系列的倒闭浪潮主要与两大情况有关。

美国、日本等发展国家已经启动"工厂回流"计划,这一计划让不少在中国开设工厂的美国和日本生产商从中国撤离。如日本大金、松下、夏普、TDK计划进一步推进制造基地回迁日本本土。

还有一项更为严重的问题,中国近些年高速增长,劳动力成本也急速攀升,使得东南亚国家在劳动力价格上占据优势,促使一些企业纷纷在东南亚建厂。目前广东用工成本已逼近台湾地区，2014年，工人平均月工资达到3200元，随着人工、社保要求提高，一个厂一年增开支两三百万元。而印度尼西亚大约1860元，而越南只有1590元左右，柬埔寨则更便宜，大约620元。这使得优衣库、耐克、富士康、船井电机、歌乐、三星等世界知名企业也纷纷在东南亚和印度开设新厂，加快了撤离中国的步伐。这两项加在一起，足以拖垮代工工厂，以及一些低端制造工厂。

此外，中国制造业并没有掌握过核心科技，一直受制于人，处于被动挨打的地位。上述提到的联建科技原来主要给iPhone、iPhone4s款式做代工生产。可是不久苹果公司研发了屏幕要求更薄的iPhone5和iPhone6，这使得联建科技的生产设备无法适应如此高的要求，其生产的良品率太低、成本太高，最终被苹果剔除了供应商之列。

闳晖科技更是严重，诺基亚低端机型比较多，当市场充斥着智能手机后，诺基亚疲于应付，最终诺基亚不得不停止让闳晖科技生产。

尽管中国号称世界的债主，但国内死于现金流的企业比比皆是。当行情好的时候，企业纷纷购进设备、招募大量员工，可由于过快扩张，后期回款减慢，企业被逼上绝路。兆信通讯的董事长高民就在遗书中写道："其实我们年后大批订单都来了，但我没有机会看到了。"这家公司是专业的代工工厂，拥有12年的代工经验，年出货量超过800万部。随着像苹果这类的品牌手机大卖和降价措施，一些低端的智能手机不得不退出市场。

兆信通讯后期的月出货量减少了70%。如果少的订单，企业无法存活。建成月产能100万台手机的生产工厂需要投入4500万元。这时兆信通讯如果不生产等于赔了4500万元，如果开工生产，则生产一台赔一台，最后兆信通讯不得不依靠客户的预付款和拖欠配件供应商的采购费，来维持工厂生产线的正常运转。最终因为客户延期付款，导致兆信通讯倒闭、董事长高民自杀的悲剧。

上述现象是中国制造业的一个缩影，也预示着中国制造业面临产业升级和转型等系列挑战。挑战来源我们归结为以下（图6-2）四个方面。

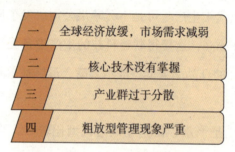

图6-2 中国制造业现状

1. 全球经济放缓，市场需求减弱

尽管我们制造业出品增长率保持一定程序增长，但是整体增长速度放缓。目前，全球对制造业的需要减少，多数国家通过"再工业化"实现部分制造产品自给自足。

2. 核心技术没有掌握

目前，我国制造业的关键生产技术依然来自美国、日本、德国等制造业发达的国家。中国还存在劳动密集型状况，难以产生高的附加值。尽管我们的经济增长较快，但是核心技术突破的程度还很低，自主研发技术还有待提高。其实这有一个根本原因，就是中国技术积累不够，所以与发达国家还有较大的技术差距。

3. 产业群过于分散

中国制造业在沿海发达地区比较集中，但是科研机构、大批优质院校资源并不在沿海地区。这使得一些高精尖技术的研发后劲不足。由于产生化程度不高，造成大量的重复建设、能源利用率低等后果。

4. 粗放型管理现象严重

由于中国制造业一直实行粗放型管理状态，使得所生产的产品质量稳定性差。而德国等制造业强国早已实现精细化生产，甚至可以实现大型机械生产的零污染，这也是中国制造业并不十分发达的根本原因。

如果要改变上述现象必须升级现在的中国制造业，通过技术研发、压缩生产周期，减少生产工序；通过产业集中化改革，实现生产效率的提高。

6.3 《中国制造2025》：七个核心词语、五大方针、四大原则

《中国制造2025》是中国版的"工业4.0"规划，由李克强总理签批，于2015年5月8日公布。我们根据《中国制造2025》公布的信息，进行核心讲解。

第一：关于"提出背景"

提出基础："制造业是国民经济的主体，是立国之本、兴国之器、强国之基。"

提出目的："打造具有国际竞争力的制造业，是我国提升综合国力、保障国家安全、建设世界强国的必由之路。"

提出方略："当前，新一轮科技革命和产业变革与我国加快转变经济发展方式形成历史性交汇，国际产业分工格局正在重塑。必须紧紧抓住这一重大历史机遇，按照'四个全面'战略布局要求，实施制造强国战略，加强统筹规划和前瞻部署，力争通过三个十年的努力，到新中国成立一百年时，把我国建设成为引领世界制造业发展的制造强国，为实现中华民族伟大复兴的'中国梦'打下坚实基础。"

《中国制造2025》在"提出背景"环节，解释了提出本计划的必要性。

第二："全球制造业格局面临重大调整"

机遇期："新一代信息技术与制造业深度融合，正在引发影响深远的产业变革，形成新的生产方式、产业形态、商业模式和经济增长点。各国都在加大科技创新力度，推动三维（3D）打印、移动互联网、云计算、大数据、生物工程、新能源、新材料等领域取得新突破。基于信息物理系统的智能装备、智能工厂等智能制造正在引领制造方式变革；网络众包、协同设计、大规模个性化定制、精准供应链管理、全生命周期管理、电子商务等正在重塑产业价值链体系；可穿戴智能产品、智能家电、智能汽车等智能终端产品不断拓展制造业新领域。我国制造业转型升级、创新发展迎来重大机遇。"

"全球制造业格局面临重大调整"中基本涵盖了目前的工业4.0和"互联网+"，意味着中国希望通过信息技术去实现我国的跨越式发展。

第三："建设制造强国任务艰巨而紧迫"

成就："经过几十年的快速发展，我国制造业规模跃居世界第一位，建立起门类齐全、独立完整的制造体系，成为支撑我国经济社会发展的重要基石和促进世界经济发展的重要力量。持续的技术创新，大大提高了我国制造业的综合竞争力。载人航天、载人深潜、大型飞机、北斗卫星导航、超级计算机、高铁装备、百万千瓦级发电装备、万米深海石油钻探设备等一批重大技术装备取得突

破，形成了若干具有国际竞争力的优势产业和骨干企业，我国已具备了建设工业强国的基础和条件。"

差距："但我国仍处于工业化进程中，与先进国家相比还有较大差距。制造业大而不强，自主创新能力弱，关键核心技术与高端装备对外依存度高，以企业为主体的制造业创新体系不完善；产品档次不高，缺乏世界知名品牌；资源能源利用效率低，环境污染问题较为突出；产业结构不合理，高端装备制造业和生产性服务业发展滞后；信息化水平不高，与工业化融合深度不够；产业国际化程度不高，企业全球化经营能力不足。推进制造强国建设，必须着力解决以上问题。"

此项意味着，我国有机会成为世界强国，但是要解决一些突出的问题。

第四：五大"基本方针"

在方针方面，《中国制造2025》提出了创新驱动、质量为先、绿色发展、结构优化、人才为本等五项方针。

我们重点看一下"创新驱动"和"人才为本"两项。

创新驱动："坚持把创新摆在制造业发展全局的核心位置，完善有利于创新的制度环境，推动跨领域跨行业协同创新，突破一批重点领域关键共性技术，促进制造业数字化网络化智能化，走创新驱动的发展道路。"

人才为本"坚持把人才作为建设制造强国的根本，建立健全科学合理的选人、用人、育人机制，加快培养制造业发展急需的专业技术人才、经营管理人才、技能人才。营造大众创业、万众创新的氛围，建设一支素质优良、结构合理的制造业人才队伍，走人才引领的发展道路。"

这两项意味着我国在人才培养力度上和创新产业投入上会不断加大。

第五：四大"基本原则"

这四大"基本原则"为市场主导、立足当前、整体推进、自主发展（见图6-3）。

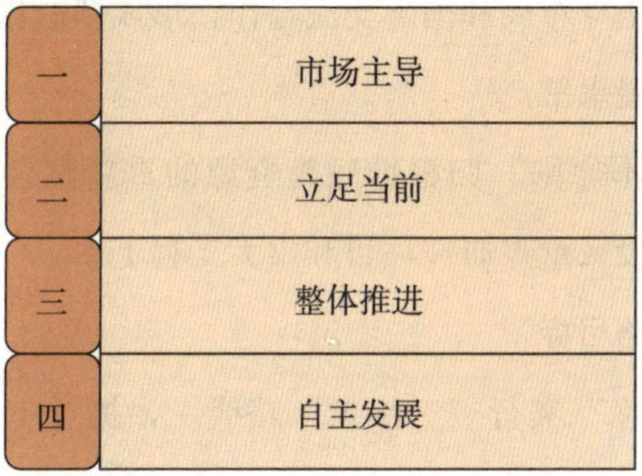

一	市场主导
二	立足当前
三	整体推进
四	自主发展

图6-3　四大基本原则

市场主导："政府引导。全面深化改革，充分发挥市场在资源配置中的决定性作用，强化企业主体地位，激发企业活力和创造力。积极转变政府职能，加强战略研究和规划引导，完善相关支持政策，为企业发展创造良好环境。"

立足当前："着眼长远。针对制约制造业发展的瓶颈和薄弱环节，加快转型升级和提质增效，切实提高制造业的核心竞争力和可持续发展能力。准确把握新一轮科技革命和产业变革趋势，加强战略谋划和前瞻部署，扎扎实实打基础，在未来竞争中占据制高点。"

整体推进，重点突破："坚持制造业发展全国一盘棋和分类指导相结合，统筹规划，合理布局，明确创新发展方向，促进军民融合深度发展，加快推动制造业整体水平提升。围绕经济社会发展和国家安全重大需求，整合资源，突出重点，实施若干重大工程，实现率先突破。"

自主发展，开放合作："在关系国计民生和产业安全的基础性、战略性、全局性领域，着力掌握关键核心技术，完善产业链条，形成自主发展能力。继续扩大开放，积极利用全球资源和市场，加强产业全球布局和国际交流合作，形成新的比较优势，提升制造业开放发展水平。"

四大"基本原则"归根结底是资源的重新整合，并将有效资源尽可能多地投入重点研究项目和重大工程上去。

第六：战略目标

"战略目标"实行"三步走"路线。根据《中国制造2025》文件选摘如下：

第一步：力争用10年时间，迈入制造强国行列。

到2020年，基本实现工业化，制造业大国地位进一步巩固，制造业信息化水平大幅提升。掌握一批重点领域关键核心技术，优势领域竞争力进一步增强，产品质量有较大提高。制造业数字化、网络化、智能化取得明显进展。重点行业单位工业增加值能耗、物耗及污染物排放明显下降。

到2025年，制造业整体素质大幅提升，创新能力显著增强，全员劳动生产率明显提高，两化（工业化和信息化）融合迈上新台阶。重点行业单位工业增加值能耗、物耗及污染物排放达到世界先进水平。形成一批具有较强国际竞争力的跨国公司和产业集群，在全球产业分工和价值链中的地位明显提升。

第二步：到2025年，我国制造业整体达到世界制造强国阵营中等水平。创新能力大幅提升，重点领域发展取得重大突破，整体竞争力明显增强，优势行业形成全球创新引领能力，全面实现工业化。

第三步：新中国成立100年时，制造业大国地位更加巩固，综合实力进入世界制造强国前列。制造业主要领域具有创新引领能力和明显竞争优势，建成全球领先的技术体系和产业体系。

表6-1 2020年和2025年制造业主要指标

类别	指标	2013年	2015年	2020年	2025年
创新能力	规模以上制造业研发经费内部支出占主营业务收入比重（%）	0.88	0.95	1.26	1.68
	规模以上制造业每亿元主营业务收入有效发明专利数1（件）	0.36	0.44	0.70	1.10
质量效益	制造业质量竞争力指数2	83.1	83.5	84.5	85.5
	制造业增加值率提高	-	-	比2015年提高2个百分点	比2015年提高4个百分点
	制造业全员劳动生产率增速（%）	-	-	7.5左右（"十三五"期间年均增速）	6.5左右（"十四五"期间年均增速）
两化融合	宽带普及率3（%）	37	50	70	82
	数字化研发设计工具普及率4（%）	52	58	72	84
	关键工序数控化率5（%）	27	33	50	64

续表

类别	指　　标	2013年	2015年	2020年	2025年
绿色发展	规模以上单位工业增加值能耗下降幅度	-	-	比2015年下降18%	比2015年下降34%
	单位工业增加值二氧化碳排放量下降幅度	-	-	比2015年下降22%	比2015年下降40%
	单位工业增加值用水量下降幅度	-	-	比2015年下降23%	比2015年下降41%
	工业固体废物综合利用率（%）	62	65	73	79

第七：大力推动重点领域突破发展

在大力推动的领域方面，主要以新技术为主。《中国制造2025》中指出："瞄准新一代信息技术、高端装备、新材料、生物医药等战略重点，引导社会各类资源集聚，推动优势和战略产业快速发展。"

具体体现在以下9个领域，《中国制造2025》摘要如下。

1. 新一代信息技术产业

集成电路及专用装备。着力提升集成电路设计水平，不断丰富知识产权（IP）和设计工具，突破关系国家信息与网络安全及电子整机产业发展的核心通用芯片，提升国产芯片的应用适配能力。掌握高密度封装及三维（3D）微组装技术，提升封装产业和测试的自主发展能力。形成关键制造装备供货能力。

信息通信设备。掌握新型计算、高速互联、先进存储、体系化安全保障等核心技术，全面突破第五代移动通信（5G）技术、核心路由交换技术、超高速大容量智能光传输技术、"未来网络"核心技术和体系架构，积极推动量子计算、神经网络等发展。研发高端服务器、大容量存储、新型路由交换、新型智能终端、新一代基站、网络安全等设备，推动核心信息通信设备体系化发展与规模化应用。

操作系统及工业软件。开发安全领域操作系统等工业基础软件。突破智能设计与仿真及其工具、制造物联与服务、工业大数据处理等高端工业软件核心技术，开发自主可控的高端工业平台软件和重点领域应用软件，建立完善工业软件集成标准与安全测评体系。推进自主工业软件体系化发展和产业化应用。

2. 高档数控机床和机器人

高档数控机床。开发一批精密、高速、高效、柔性数控机床与基础制造装备及集成制造系统。加快高档数控机床、增材制造等前沿技术和装备的研发。以提升可靠性、精度保持性为重点，开发高档数控系统、伺服电机、轴承、光栅等主要功能部件及关键应用软件，加快实现产业化。加强用户工艺验证能力建设。

机器人。围绕汽车、机械、电子、危险品制造、国防军工、化工、轻工等工业机器人、特种机器人，以及医疗健康、家庭服务、教育娱乐等服务机器人应用需求，积极研发新产品，促进机器人标准化、模块化发展，扩大市场应用。突破机器人本体、减速器、伺服电机、控制器、传感器与驱动器等关键零部件及系统集成设计制造等技术瓶颈。

3. 航空航天装备

航空装备。加快大型飞机研制，适时启动宽体客机研制，鼓励国际合作研制重型直升机；推进干支线飞机、直升机、无人机和通用飞机产业化。突破高推重比、先进涡桨（轴）发动机及大涵道比涡扇发动机技术，建立发动机自主发展工业体系。开发先进机载设备及系统，形成自主完整的航空产业链。

航天装备。发展新一代运载火箭、重型运载器，提升进入空间能力。加快推进国家民用空间基础设施建设，发展新型卫星等空间平台与有效载荷、空天地宽带互联网系统，形成长期持续稳定的卫星遥感、通信、导航等空间信息服务能力。推动载人航天、月球探测工程，适度发展深空探测。推进航天技术转化与空间技术应用。

4. 海洋工程装备及高技术船舶

大力发展深海探测、资源开发利用、海上作业保障装备及其关键系统和专用设备。推动深海空间站、大型浮式结构物的开发和工程化。形成海洋工程装备综合试验、检测与鉴定能力，提高海洋开发利用水平。突破豪华邮轮设计建造技术，全面提升液化天然气船等高技术船舶国际竞争力，掌握重点配套设备集成化、智能化、模块化设计制造核心技术。

5. 先进轨道交通装备

加快新材料、新技术和新工艺的应用，重点突破体系化安全保障、节能环保、数字化智能化网络化技术，研制先进可靠适用的产品和轻量化、模块化、谱系化产品。研发新一代绿色智能、高速重载轨道交通装备系统，围绕系统全寿命周期，向用户提供整体解决方案，建立世界领先的现代轨道交通产业体系。

6. 节能与新能源汽车

继续支持电动汽车、燃料电池汽车发展，掌握汽车低碳化、信息化、智能化核心技术，提升动力电池、驱动电机、高效内燃机、先进变速器、轻量化材料、智能控制等核心技术的工程化和产业化能力，形成从关键零部件到整车的完整工业体系和创新体系，推动自主品牌节能与新能源汽车同国际先进水平接轨。

7. 电力装备

推动大型高效超净排放煤电机组产业化和示范应用，进一步提高超大容量水电机组、核电机组、重型燃气轮机制造水平。推进新能源和可再生能源装备、先进储能装置、智能电网用输变电及用户端设备发展。突破大功率电力电子器件、高温超导材料等关键元器件和材料的制造及应用技术，形成产业化能力。

8. 农机装备

重点发展粮、棉、油、糖等大宗粮食和战略性经济作物育、耕、种、管、收、运、贮等主要生产过程使用的先进农机装备，加快发展大型拖拉机及其复式作业机具、大型高效联合收割机等高端农业装备及关键核心零部件。提高农机装备信息收集、智能决策和精准作业能力，推进形成面向农业生产的信息化整体解决方案。

9. 新材料

以特种金属功能材料、高性能结构材料、功能性高分子材料、特种无机非金属材料和先进复合材料为发展重点，加快研发先进熔炼、凝固成型、气相沉积、型材加工、高效合成等新材料制备关键技术和装备，加强基础研究和体系建设，突破产业化制备瓶颈。积极发展军民共用特种新材料，加快技术双向转移转化，促进新材料产业军民融合发展。高度关注颠覆性新材料对传统材料的影响，做好超导材料、纳米材料、石墨烯、生物基材料等战略前沿材料提前布局和研制。加快基础材料升级换代。

10. 生物医药及高性能医疗器械

发展针对重大疾病的化学药、中药、生物技术药物新产品，重点包括新机制和新靶点化学药、抗体药物、抗体偶联药物、全新结构蛋白及多肽药物、新型疫苗、临床优势突出的创新中药及个性化治疗药物。提高医疗器械的创新能力和产业化水平，重点发展影像设备、医用机器人等高性能诊疗设备，全降解血管支架等高值医用耗材，可穿戴、远程诊疗等移动医疗产品。实现生物3D打印、诱导多能干细胞等新技术的突破和应用。

围绕实现制造强国的战略目标，《中国制造2025》明确战略任务和重点，并给予了具体的方向和实施方法。如果这些目标能够在2025年达成，中国有可能由发展中国家步入中等发达国家。

6.4 "中国制造2025"应与"一带一路"无缝对接

纵观历史,每一次历史大变革都会催生新一代行业巨头,这些巨头的成长绝大多数是迎合了全球、国家的大趋势。

1978年之后,沿海地区得到迅速发展,是源于中国的改革开放,2000年以来百度、腾讯等互联网公司的兴起源于全球互联网的大趋势;小米公司的粉丝经济源于互联网的爆发大潮。这一切都证明,任何人、任何企业、任何国家无法独立于它所处的环境而存在。

作为在中国的企业来说,中国的大趋势决定了企业能否快速立足并扩张。"一带一路"与"中国制造2025"提出的时间相差不足1年,尽管两者的角度不同,但是两者的目的都是希望中国走向富裕、繁荣的道路。

任何行业要想得到调整发展必须结合全球大趋势、国家政策。一带一路(The Belt and Road Initiative)是"丝绸之路经济带"和"21世纪海上丝绸之路"的简称。中国国家主席习近平在2013年9月10日提出了这一战略构想。

对于这一构想，有其产生的时代背景。第一，目前中国制造业产能过剩、外汇资产过剩。第二，中国对能源需求旺盛，例如油气资源、矿产资源都需要向其他国家大量进口。改革开放带动了沿海地区，然而中西部地区发展还很薄弱。中国需要让西部与东部一样发达。丝绸之路经济带包括9个省市区：新疆、陕西、甘肃、宁夏、青海、广西、云南、四川、重庆。21世纪海上丝绸之路包括5个省市：上海、福建、广东、浙江、海南5省市。

第四，由于中国的开放政府加上中国经济的高速增长，其他国家愿意搭上中国快速发展的列车。由于"一带一路"符合众多国家的根本利益。现在已经有60多个国家和国际组织积极响应一带一路的倡议。这些国家的总人口约44亿，经济总量约21万亿美元，分别约占全球的63%和29%。

"一带一路"连接亚欧非大陆，使活跃的东亚经济圈与发达的欧洲经济圈串联起来。"丝绸之路经济带"有三个走向，从中国出发，一是经中亚、俄罗斯到达欧洲；二是经中亚、西亚至波斯湾、地中海；三是中国到东南亚、南亚、印度洋。"一路"，指的是"21世纪海上丝绸之路"，重点方向是两条，一是从中国沿海港口过南海到印度洋，延伸至欧洲；二是从中国沿海港口过南海到南太平洋，（见图6-4）。

第六章
中国的工业4.0

图6-4 中国的一带一路范围

对于"一带一路"战略,各界给出很高的评价,国务院发展研究中心学术委员会秘书长程国强说:"(一带一路)一端是发达的欧洲经济圈,另一端是极具活力的东亚经济圈,由此来带动中亚、西亚、南亚以及东南亚的发展,并且辐射到非洲去。"

商务部综合司副司长宋立洪说,"一带一路"是开放包容的,我们不设国别范围,不搞排他性的制度设计,好事大家商量着一起办,各施所能、各施所长,实现互利共赢、互利互惠,来惠及沿线国家更多的人。

外交部经济司司长张军说:"在2020年之前,亚洲基础设施的资金缺口将达7300亿美元,无论是亚投行还是丝路基金,它的目的都是解决'一带一路'建设的资金问题。"

"一带一路"的战略布局,对全球的发展会有很大帮助,当然最大的受益国就是中国。这一策略中，实现了三大核心转变（见图6-5）。

图6-5　中国的三大核心转变

第一，国外资源和国内资源的相互转换。

中国经济经过了数十年的经济高增长，使得我国的工业产能和外汇资产积累过剩。面对保增长的迫切需要，如何拓展海外需求，将资本和产能向经济增长转化，这是"一带一路"推出的现实考量。同时也应看到，中国之所长正是很多低收入国家之所短，这就提供了取长补短、互利共赢的可能，这正是"一带一路"经济逻辑的基础。

第二，从"接受规则"到"制定规则"。

自建国以来，世界的经济秩序一直由西方主导，这使得中国很难获得巨大的改革红利。不过自2008年金融危机过后，这一切都在悄然改变，中国有机会重新制定规则，以获得经济利益的最大化。

金融危机过后，中国成为世界经济增长的动力源，世界各国纷纷向中国示好，以期得到合作或投资。近年来，中国在国外的投资不断加大,许多重大合作,政府也积极引导。2014年,中国对外直接投资达到1160亿美元,已连续三年居世界第三位。

对于"一带一路"这项战略来说,中国就是一辆高速的"列车",如果能够搭上这辆列车,就会受益不少。这是为什么许多国家支持中国的这项政策的根本原因。

在"一带一路"这项战略上,中国作为提出者与规则制定者。通过倡导新机构、引导新议程、影响新规则,中国在国际经济治理中的角色正在发生从"规则接受者"到"规则制定者"的转变。

2014年的APEC峰会上,在中国实现亚太自贸区成为区域经济一体化的"终极目标"。金融方面,以货币资金池为主要形式的区域性金融安全机制仍有巨大的完善空间,而最为重要的进展是在发展融资领域。

第三,多种效应的连接体。

"一带一路"战略的直接经济影响涉及贸易、投资、金融等多个领域,将在项目、地方、国家、区域等多个层面展开。对相关经济影响的分析和预测具有重要的政策参考价值,非常值得重视。

以国际直接投资为例,"一带一路"带来的资源增量和制度变量变化将影响中国对外投资的总量和结构,具体可能带来创造效应(增量投资)、转移效应(投资向沿线国家的转移)和集聚效应(投资向重要节点的集聚)。

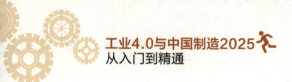

"一带一路"给中国带来了重大的发展机遇，中国将以"经济枢纽"的形式连接世界各国。随着"互联网+"的热潮以及不久的工业4.0的到来，中国有可能在新的经济竞争中获胜。当然中国的经济政策是全球性的，许多国家也会因此受益。

6.5 中国工业4.0"超车"思路

2014年10月,国务院总理李克强访问德国期间签订《中德合作行动纲要》,并提出希望在工业4.0方面和德国加强合作。

随后,工业4.0概念在中国再次爆发,许多企业纷纷提出自己的工业4.0发展规划。明珞装备公司是高端智能装备供应商,目前正在紧张有序地进行上市前的C轮融资。创始人、董事长姚维兵每天都要接待大量的投资人,因为企业的实力很受投资人欢迎。

公司计划近期完成"模拟工厂"的建设,并搭建"智能仓储"平台。通过自动化流水线生产模式,使原来的装机时间压缩90%,即由300小时变为30小时。不过,根据德国制造业巨擘博世集团对工业4.0时代的景象描绘,中国需要做的还有很多。因为工厂实现真正的工业4.0必须建设一个以工业价值链为基础的智能网络、机器设备、仓储系统。通过大规模整合形成信息物理系统(Cyber-Physical System)。

在工业制造过程中,此信息物理系统中的设施通过协作,最终实现信息交换、自动化运转。并且使整个制造业链条上的人、机、物互动互联。中国工业4.0的根本是大幅提高生产力。结合中国与德国的合作契机，我们再来看一下德国制造业的思路。

上文已经提出德国已经将工业4.0提升到国家战略的高度。德国投入超过13亿元的计划将全面展开部署。在此项计划中，博世集团是参与者之一，同时也是积极成为工业4.0战略的践行者之一。在全球博世集团进行试验的工业4.0工厂，多于250家。博世集团具体操作的路线图分为三步，（见图6-6）。

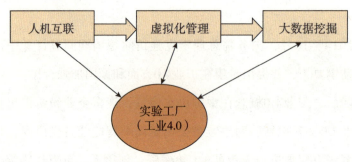

图6-6　实验工厂的操作路线图

在人机互联阶段，要把物料、设备、人员三者联通，并通过监控系统、工厂生产系统、物料系统、办公系统等完成从生产到完成的过程。

在虚拟化管理阶段，通过整合测试、物流、仓库等数据流实现标准化的虚拟化管理。

在大数据挖掘阶段，通过大规模的对生产数据流进行挖掘、处理和分析，并进行改造、优化。最终提高资源利用率进而使生产力得到提高。

德国工业4.0已经把许多场景变为事实。如果有位德国美女需要补一颗牙齿，那么医生只需要拿着重量很轻的扫描设备进行信息采集，然后通过机器自动分析，设置要补的牙齿大小、形状、位

第六章
中国的工业4.0

置,然后3D打印机开始打印牙齿,医生再把牙齿安装好就成了。如果碰巧这个德国美女的爱人也是医生,家里有3D打印设备需要的工具设备,那么在爱人的帮助下这位美女就可以不用出门就完成了这个小手术。这就是德国目前正在打造的场景。不过如果一个国家打造不了这种场景,在不久的将来,这必是一场毁灭性的灾难。

现在,全球最具实力的美、日、法等发达国家正在不惜一切代价进行"再工业化"战略,如果中国想要在这场竞争中获胜需要做的还有很多。现在中国大陆的制造业成本已经与台湾地区看齐,不少企业生产的产品质量却还处于工业2.0和工业3.0时代。如果工业4.0时代,生产成本降低了很多,那么中国就无任何优势可言。

经济学家郎咸平说:"中国制造业目前已经非常的困难,成本已经跟美国差不多了,如果美国推动工业4.0,成本再下降40%,我们哪还有竞争机会!以德国跟英国为例,他们的成本目前比我们高10%~20%左右,只要推动工业4.0,他们的成本将比我们中国低很多,那我们中国还有希望吗?因此只要工业4.0在全球铺开,中国制造业将全线崩溃、解体,我们不但没有成本优势,反而有成本的劣势。"

尽管许多人不相信上述现实,但是当你走出国门或多关注国外网站,那么你就会相信这个事实。残酷的事实背后就是巨大的机遇,中国工业4.0处于绝对的蓝海时期,当一家小企业掌握了工业4.0的核心技术的时候,就有可能很快超过像百度、腾讯、360等这样的互联网公司。

面临以上困境，中国会通过什么样的形式进行"超车"呢？

1. 跨国战略合作，一场有关市场与技术的交易

在工业4.0时代，工业机器人是不可缺少的，而中国目前在机器人产业还有很大的提升空间，而美国、德国等发达国家拥有先进的机器人技术。同时中国拥有13亿的人口市场，所带来改革的人口红利也是巨大的，任何工业巨头都不会放弃中国这个庞大的市场。

所以这就提供了一项交易的筹码：以市场换技术。

这一项中国政府已经在行动，两国重要领导人频繁互访问，达成的战略协议越来越多，如近年的中德两国政府在加强"工业4.0"领域合作方面达成建立合作机制、联合开展基础性、前瞻性研究等六大共识。

在两国政府行动的时候，所在国家的企业也都跃跃欲试。我们以号称制造业皇冠上的明珠的机器人领域为例，目前机器人领域已经被四大巨头占据，即瑞士ABB、日本发那科、日本安川电机、德国库卡，这四大巨头已经牢牢把控住中国机器人产业超过70%的市场份额，而中国四大机器人厂商（广州数控、南京埃斯顿、沈阳新松机器人等）在我国仅有5%的市场份额，此外更为严重的是机器人核心部件几乎全部进口。

而我国对工业机器人的需求为全球第一，占全球需求份额为20%，并且在2025年之前，需求量还会保持超过30%的高速增长。

所以强大的技术需求与大量的市场需求，让我国在工业4.0的版图上具备了一定的议价能力。近两年来，有不少外国巨头纷纷在

中国建厂,德国西门子就是其中之一。

继德国安贝格、美国凤凰城在中国建设研发、生产中心后,2013年德国西门子成都数字化工厂正式开始建设。博世集团在我国投资总额已经超过百亿元,并在沿海地区设置有专门的实验基地。

2013年9月,西门子成都数字化工厂正式投产。这是继德国安贝格、美国凤凰城以后的第三个全球工业自动化产品研发中心。2011~2013年,博世集团在华投资总额超百亿元,并已在江苏设立工业4.0实验基地。

2. 开展全球并购,快速打破核心技术壁垒

自改革开放以来,来中国投资的外国巨头数量庞大,但是我们经过仔细研究后发现,中国在当时其实充当了一个"代工"的角色。从投资人的国家和企业来说,这是正确的。因为任何国家、企业都不希望自己的核心技术交给一个有可能成为对手的国家或企业。

尽管中国工业4.0时代,国外巨头们纷纷在中国设立研发、生产基地,但这绝不是最核心的技术。一般最核心的技术都在本国或总部完成,因为这是公司的核心竞争力。

为了改变这种状态,企业可以走并购路线,用并购的手段去控制住核心技术。当然,这对目前的中国体制来说是一个很大的挑战。清科集团数据显示,自2011~2014年,跨境并购案例数量一直在200例左右浮动,而国内并购则每年都会有100%的增长速度。

2013年国外并购约为3200亿元，2014年为2300亿元，同比下降了30%，而2014年国内并购额度为5040亿元。

收购主体存在问题。中国的企业有国有企业、民营企业。如果以国企的身份去并购，对方是私有化企业，两种体制冲突严重。如果以民营企业的身份去并购，但是民营企业多规模较小，因而难以并购。

为了解决并购难题，可以采取"资本在前，整合在后"的原则。先通过国内资本将国外公司收购进来，然后再通过同类企业进行整合。这解决了国有体制、民营规模小的问题，最终实现产业升级。

第六章 中国的工业4.0

6.6 华为重新布局，打造工业4.0生态链

2015年7月20日，华为公布了2015年上半年度的经营业绩。上半年，华为公司实现销售收入1759亿元人民币，同比增长30%，营业利润率为18%。这就是华为目前的基本状况。

素有"狼性"文化之称的华为在2015年6月，制定了"1+2+1战略"，从设备层、基础设施层、应用层全面参与工业4.0。"1+2+1战略"布局，即一个物联网平台，两种连接方式，包括有线的和无线的连接，如工业交换机、工业Wi-Fi和eLTE等联接方式，以及一个物联网操作系统。

欧洲是华为的重要市场，这一市场的好坏足以影响其在全球的格局。由于欧洲拥有先进的制造业基础，华为将工业4.0布局在欧洲。对于这项战略布局，华为欧洲区总裁徐文伟说："欧洲在科技研究、工业制造、装备制造方面长期处于全球领先地位，在设备智能化过程中具备先天优势。华为已经完成了在欧洲的本地化，在欧洲现有9900多名员工，其中70%以上是本地员工。"

不仅如此，华为在多个场合表达了其对工业4.0的信心。

在2015年德国汉诺威通信博览会上，华为企业业务总裁阎力

大做大会主题演讲时说："移动宽带、SDN、云计算、大数据、物联网等创新技术的发展正重构传统产业，引发第四次工业革命。工业4.0需要一个全新的ICT基础架构，其基础是智能的全联接工业互联网。"

华为把工业4.0时代的特征划分为三个方面：第一是拥有分布式、统一的平台，第二是拥有快速稳定的宽带，第三是万物互联。

阎力大说："华为提出的构建工业4.0时代的ICT技术架构是建立在统一分布的平台上，没有这个基础，云端的应用和终端很难进行连接，这也是工业4.0最核心的基础。"基于以上原因，华为制定了BDII战略，意思是根据客户业务驱动的创新需求，通过云技术、应用平台、终端服务为行业提供一流的解决方案。

在IT领域，公司近年来大举整合、扩张。去年，公司整合了产品研发部门，把原来分散的运营商网络业务和企业业务的产品研发部门整合到一起，然后华为对产品进行统一的研发。这一措施，将加强华为在IT技术领域的主导能力，进而确立其领导地位。

华为通过IT技术使产品研发速度和效率大大提升，并不断为公司统一的产品与解决方案组织。这一措施进一步加强了华为在IT技术领域的能力，并建立华为在IT技术上的领导地位，把IT技术广泛运用于CT产品的进步，构建华为未来面向ICT融合时代的技术领先优势，提升产品研发和上市效率，降低内部运作成本，向客户提供更具竞争力的产品和解决方案。

华为2014年在政府、交通、能源和金融等业务方面，积极发展全球市场，最终实现全球收入约200亿元，同比增长率达27%。

第六章
中国的工业4.0

目前，华为企业业务BG与消费者业务BG都成为未来可持续增长的新驱动力。

这项改革还要从2011年说起，当时华为成立IT产品线，投入约1万人在云计算方面进行研发。当时把IT产品线划归为企业BG旗下，企业BG当时是以销售各种"硬件盒子"为主，包括服务器、存储、网络、云计算、一体机、大数据解决方案等。

2015年，公司还是不惜一切代价对IT产品线进行投入，并给予政策支持，如增加人员、待遇、追加投资等。

当然，尽管企业成员信心十足，但是市场是不以个人意志为转移的。IT巨头们在互联网上收益很少，例如IBM、惠普、戴尔、甲骨文等传统IT公司已经很难在互联网上取得充足的收益。当然，与云计算相关的公司收益增长很明显。这意味着包括上述在内的IT巨头都会选择向云计算方面转型，这无形中增加了华为的竞争压力。

作为一个仅成立4年的华为IT产品线，显然在已经成型的市场中不占优势。当然也并不是说华为没有机会。华为拥有强大的资本实力，通过对人才、管理的改革，想在新兴的市场上分一些利益还是很容易实现的。

从这个角度上来说，华为的起跑线和传统的IT巨头一样，在云计算、大数据方面，面临着机遇和挑战。

由于云计算、大数据是新兴的市场，近两年来，不会出现明显的正面竞争，充其量只是投资竞赛。这给华为留下了充足的时间进行技术升级，也是为什么会在2011年投入巨资的原因。华为作为一个"创新者"去打入IT市场，并希望通过自身的努力得到市场的认可。

当然，华为的布局模式不是"创新者"，更是"变革者"。华为采用了"集群作战"模式，进行由内而外的布局。在核心层华为布局IT基础设施，在外围华为加大云计算、大数据等即将到来的社会大趋势，同时华为开展一系列的合作，布局服务器、存储市场，以此来稳固其目前的主营市场。

在布局的宽度上，华为拥有齐全的产品线，不仅涉及传统IT的存储、网络、中间件、操作系统等，还涉及未来的大数据，这一切都是为未来的云计算和大数据做好基础准备。

华为的布局思路如此清晰，说明华为对IT的未来抱有必胜的信心。通过先进的技术开发，华为推出自己的单一产品，使自己能够在市场立足。随后华为通过多产品线的运营，实现收益最大化。

1. 生态圈初见规模

以往，华为给大家的第一印象是："这是一家做手机的企业"，而这一切正在改变。

华为布局IT产品线，并得到突飞猛进的发展，与行业合作是不分不开的。因为这种模式华为能很快地得到解决方案，实现利益共分享。

2014年，华为开了许多大会，会上出现许多华为新的合作伙伴。其中在HCC大会上，现场参会人数超过1万人，业界巨头纷纷到场助威。以前华为的展会是以自我为中心，进行产品宣传，而这次不再是那种模式,华为由展示自我变成业内IT趋势分析的盛会。

当华为的影响力遍及全球时,客户主动联系华为进行IT方案的商讨,这使得人们惊呼华为的发展实在太快。

华为的这种新的发展模式与其要打造的生态圈有关。在华为生态圈中,包括英特尔在内的产业上游巨头纷纷参与其中,一些应用领域的伙伴更是决心与华为共同发展。在去年,西班牙电信公司与华为展开了基础设施架构方面的合作,英特尔与华为展开了存储战略合作。华为认为,通过在技术、产品研发、市场营销等方面联合,能够使华为的大数据速度加大。

除了巨头方面的合作,华为还启动了一系列联盟。在去年5月份时,华为联合超过400家的合作伙伴建立了"Fusion Sphere用户联盟",这一联盟的目的在于使自己的产业融合性更强。

2. IT产品线上的华为大数据

评价一家公司的状况时,数据是最有说服力的。在2014年,华为在IT产品线的营收是增长的,当然其投入也是不断加大的。此外,华为的现金流、专利数量都在同行业保持领先位置,这也为华为的数据流提供了价值支撑。

在市场数据方面,目前华为在全球部分地区的市场份额保持领导地位,但有些地区对华为来说是正在开发的区域。华为的IT产品线正在由"需要认可"往"完全认可"的方向转变。华为在细分领域一直表现得很出色,一般来说,要么这个领域没有华为,要么是以领导者或开拓者的身份出现在那个领域。华为通过产品落地"融合"，实现最终的产业链、营销方案、客户渠道等方面的提高。

当然，华为的数据与巨头们相比还是有很多差距。华为IT产品线由于起步时间短，表现突出只能称作"IT行业新贵"，即华为与老牌的IT巨头竞争时，面临巨大的风险。华为的技术实力还有待大幅度提高，华为需要加大融合力度，快速实现在技术、渠道等方面的突围。

相对其他巨头的试验田模式，华为做得更彻底。人们常说，要想学会游泳，最好的办法是处于深水之中，因为这时的动力源于生存，任何游泳者都不会拿生命开玩笑，当然，这必须有人在旁边辅助，以保证其安全。华为IT产品线直接参与市场竞争，以展现其顽强的生命力。随着华为地不断投入，IT产品线也会慢慢走向强大。

6.7 海尔工业4.0实践：自杀重生，他杀淘汰

在谈及海尔的工业4.0之前，我们先说一下有很强共通性的一些变革。从2015年开始，资本市场就没有消停过。

"一号专车""滴滴专车""uber"等公司开出了专车业务，上演了疯狂的烧钱大战，最终引资包括阿里巴巴、腾讯在内的资本巨头参与其中。目前，如果在北京、上海、广州、深圳等大城市还没听说过专车，那可真是"OUT"了。无论在小区、写字楼、景点等场景，都能看到专车的身影，因为其是在互联网技术之下的个性化预约定制，深受消费者的欢迎。

身傍BAT巨头的专车服务公司，更是补贴不断。原本打车需要160多元的费用，通过活动仅需要30元，甚至1元。

专车之战还没有结束，国务院总理李克强在第一季度经济形势座谈会上感叹"流量费太高了"，移动、联通、电信运营商公布"提速降费方案"。于是各大论坛出现："总理叫你降网费啦！"等类似标题。尽管随后的降费效果不明显，但是年底还会出现大规模的降费措施。这一福利，让普通人更加热情地拥抱互联网大趋势。根据国务院会议，宽带速度有望在近期提升40%。

紧接着，带有"互联网+"、工业4.0基因的可穿戴设备出现了，如智能手环、眼镜、手表市场开始在全球逐渐兴起，许多人开始调侃说："不戴个智能手环，怎么好意思出去跑步呢？"当然，这一系列现象，也是有数据来支撑的。

市场调研机构HIS给出了调查数据，2012年全球可穿戴设备销售额为97亿美元。2014年可穿戴设备销售量达到9000万台，2015年有可能突破1.4亿台。HIS预测，3年后全球可穿戴设备销售额将达到336亿美元。年增长率过200%的速度能保持数年，同时这一领域也成为各界巨头新的竞争战场。

这一系列的现象表明，"互联网+"时代、工业4.0即将来临，这些现象是它们到来的前奏。当然一些制造业巨头走在前列，海尔就是其中一家。

海尔是传统家电制造的标杆企业，在家电市场上拥有很高的话语权。最近3年来，海尔动作不断。用首席执行官张瑞敏的话说就是："没有哪一个企业不折腾就能成功。"2013~2014年间，海尔共裁员2.6万人，由此也拉开了海尔转型的序幕。张瑞敏提出了"企业平台化、员工创客化、用户个性化"的"三化"改革思路。海尔的人员规模下来了，但是效益却提高了。改革1年时间内，海尔的总营收增长了2.5%，利润增长了19.6%。这也间接验证了这次向工业4.0改革的思路是具有前瞻性的。

当然，这也有风险，因为当时的超级航母解体为一支舰队。很容易被竞争对手，以人员优势超越海尔。巨头转身，总会有摔跤的风险，不过张瑞敏还是相信"自杀重生，他杀淘汰"。面对漫长

第六章
中国的工业4.0

的工业4.0之路,张瑞敏已经开始了探路试验。

海尔过去使用"大规模制造"模式抢占市场,例如你去商场或网站平台时,总会发现大量的海尔产品,如冰箱、空调、洗衣机、热水器、冷柜等。不过,这些产品是批量生产出来的,所有的产品都是同一规格,哪怕客户并不喜欢。现在海尔开始了"大规模定制"模式,这一改变使得生产线上的每一台产品都会对应唯一的一个用户。

为此,海尔建立了自己的计算机系统,以满足工厂与用户的互动,例如,面向普通用户定制的众创汇、面向研发资源的开放创新平台、面向模块商的海达源,这些网站网址独立,但后面信息数据共享,在后二者登录可以看到用户需求,最终这些网站的数据都会聚合至U+平台。

当订单通过计算机系统汇总,根据每一个订单的信息,进行订单身份自动识别。最终通过不同的组装流程,完成组装工作。这一变革可以使企业能够保持较高的用户黏性,使购买者全程参与。

在2015年1月,海尔建立了第一个互联网工厂。这家工厂为沈阳冰箱工厂,工厂由60多个机器人、1200多个传感器、485个芯片组成。这个小规模的工厂可以在生产3000台左右的定制订单情况下不亏损,因为对于大型的生产流水线,都设置有最少生产规模,一旦生产数量过少,就导致大量的人力、物力成本浪费,最终造成浪费。显然,在这一点上沈阳冰箱工厂拥有很大的优势,与传统企业相比,人员数量上减少了57%,单线产能提升了80%,订单交付期降低了53%，改造成本提高了20%。

为了实现个性化生产，沈阳冰箱工厂将100多米的传统生产线改装成4条18米长的智能化生产线，这一改进可以实现超过500个型号的大规模生产，以满足客户的个性化需求。

消费者可以按照自己的偏好和需求定制冰箱的款式、颜色、性能、结构等。此外，用户通过手机APP可以实时了解自己的定制产品的状态，并实现可视化操作，通过这样的改进，消费者可以随时查到自己的冰箱在生产线上的位置，如生产到了哪一个工序、有没有出厂等。用户订单可视化，是海尔智能互联、用户需求无缝流入和资源高效配置能力的外在体现。

由于海尔巨大的规模优势，海尔佛山滚筒工厂、海尔郑州空调工厂、胶南热水器工厂也相继建成并投入使用。对于海尔如此迅速的布局，海尔家电产业集团副总裁陈录城说："其实，海尔早在2012年就潜心于互联工厂的实践，开始打造'按需设计、按需制造、按需配送'的体系，以实现从大规模制造向个性化定制的转型。"

根据这一目标，海尔装以工厂为主的平台转为以用户为主的开放式平台。通过模板化设计连接互联网与用户，以真正让用户成为主体。

工业4.0的到来，许多企业都参与其中。创维总裁杨东文说："过去两年，创维小试牛刀，投入几千万元进行自动化设备的改造，一共代替了800名员工的劳动力，按每人6万元一年的工资计算，一共省下了近5000万元的成本，同时制造效率大幅提升。"

这就是工业4.0时代带来的重大变革。

海尔裁掉的员工有很大一部分是中间管理层。海尔通过解构，将原来8万名员工变为2000个自主经营体。对于这一改变，在2014年的沃顿商学院全球论坛上，张瑞敏说出了他的深层次原因："我们希望变成一个生态系统，比方说每个员工都在创业，他就好像是一棵树，很多树就变成了森林。这个森林里头，可能今天有生的，明天有死的，总体上来看，这个森林是生生不息的。"

海尔的这种模式属于小微公司模式，使每个小的自主经营体都有足够权利，当然也负有一定的义务。中间层的剥离，使海尔员工间不再是领导与下属的关系，而是合作伙伴。在海尔的平台上，只有三种人：平台主、小微主和创客。

对于创客，海尔旗下有一个雷神科技有限公司，这家公司属于小微企业，创始人由3位年轻的"85后"组成，团队持股25%，海尔控股75%。2014年这家小微公司以其出色的创意实现销售收入2.5亿元。

由此看来，海尔在谋划一个更大的局——"孵化平台"。由于海尔的开放，吸引了大批创客加入。这些创客有时带着很好的创业项目，通过海尔的资源、引入风投等方式，这些小微公司很快展现出巨大的市场爆发力。

到现在，海尔的"生态圈"，共吸引了平台主、小微主和创客6万多人，像海尔雷神一样的小微创业体达200多个，已诞生470个项目，汇聚了1322家风投公司。我们分析这种模式发现，传统的企业多为链条式紧密结构，一旦一个链接断裂，整个链条都会受到影响。而这种模式看起来像松散有序的联合体,即使一个个体脱离或死掉了,并不影响其他个体的生存。

为了更全面地了解海尔模式,我们看一下行业数据。2014年美的集团营收1400亿元,增速17%,净利润为105亿元,同比增长98%;格力集团营收为1377亿元,同比增长16%,净利润为141亿元,同比增长30%。海尔集团收入887.75亿元,增速为2.51%,净利润为50亿元,同比增长19.6%。显然这一数据,对海尔来说是一次鞭策,这也是海尔转型的根本原因所在,对海尔来说,转型或许能带来更大的发展机遇。

6.8 中国工业4.0的C2M模式

电子商务在中国快速兴起，催生了淘宝、亚马逊、京东商城、易趣等电子商务平台。仔细分析后，你会发现这些平台并不属于同一类别。

B2B（Business-to-Business）模式，即企业与企业之间的电子商务，比较有代表性的企业是阿里巴巴。近年来，B2B模式发展十分迅速，2012年中国B2B电子商务交易额6.25万亿元，2013年中国B2B电子商务市场交易额8.2万亿元，2014年中国B2B电子商务市场交易额10万亿元。如此增长的速度，包括马云在创立阿里巴巴初期时也没有想到。

目前B2B的发展模式比较清晰，第一种做地域生意的B2B电商，比如跨境等；第二种是垂直下沉式生意的电商，如农业B2B、渔业B2B等。

不过，B2B一般都不是大众消费品，产品也相对复杂，需要专业的人士参与，才能判断材料的好坏。对于企业来说，需要采购员实地考察后才能下单。前文提到的阿里巴巴平台模式是以提供企业发布供求信息服务为主，搭建买卖双方的桥梁，最终促成交易。

B2C（Business-to-Customer）模式，即企业与用户之间的电子商务，比较有代表性的企业如京东、亚马逊、天猫等。这种模式拥有巨大的吸金能力，因为其拥有海量的注册用户，这也是目前最流行的购物模式。这种模式对传统行业打击十分巨大，在有限的市场规模里，不断地蚕食线下零售市场。

与B2B模式相比，B2C模式市场主要是普通大众，这种模式可以简化为"店铺→商品页→商品信息→购买按钮"。此外B2C已经十分成熟，因为这种模式建立在企业完善的制度基础上，例如，生产许可证、营业执照、特殊行业的相关证明等。大众消费者很容易识别一些正规的品牌平台。

其次，交易流程不同。C端市场的产品因为是大众消费品，往往各种监管已经相对成熟，比如，说各种生产许可证，检验检疫标志等，消费者也可以通过生产日期等简单地判断产品。

与B2B模式相比，B2C模式很轻松就能实现线上交易，因为消费者相信所购商品的品质，而B2B模式则不然。这也是B2C模式不断渗透到B2B模式的原因。

C2C（Customer-to-Customer）模式，即用户与用户之间的电子商务，比较有代表性的企业如淘宝等。这种模式与跳蚤市场比较相近，个体户与消费者之间的商品交易行为。

C2C的交易模式决定了其盈利模式——佣金。尽管一次性收取的佣金不多，但是由于客户量巨大、交易频率高，最终使交易平台获得高额利润。此外，还有一部分收入来自推广，这类一般是个体商户主动与平台联系，以获得更好的位置，获得更多的流量。为了

第六章 中国的工业4.0

提升C2C平台的效率,平台推出一系列的增值服务,以满足客户的不同需求。

与B2B一样,由于缺少足够的监管,出现许多交易不诚信的现象,尽管平台做出巨大的努力,但是还是收较甚微,这也是阻碍C2C平台发展的最大障碍。

中国工业4.0的到来,使B2B、B2C、C2C等模式面临巨大的威胁,因为C2M出现了。传统模式需要有销售平台、卖家,而这种新模式使平台消失了。

C2M(Customer-to-Manufactory)模式,即用户与工厂之间的电子商务,这种模式是最新的电子商务模式,其建立的依据来源就是工业4.0、大数据、"互联网+"。

C2M模式引入团购的色彩,通过庞大的社交平台,建立自己的社交关系网络,使原本分散的需求整合在一起,通过集体的形式向工厂下单。这种由"零售"转化为"集采"的模式,使工厂的效率得到大幅度提高,同时客户也会获得比较低的折扣。C2M运用了最先进的"云采购"模式,将整合而来的需求信息传递给工厂,真正实现"以需定产、量体裁衣"(见图6-7)。

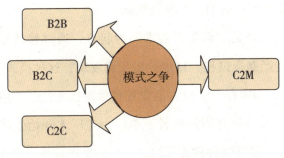

图6-7 模式之争

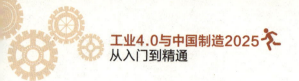

2015年7月30日，全球第一家C2M（客户对接工厂）电子商务平台"必要商城"（biyao.com）正式上线。

在发布会现场，必要商城创始人毕胜指着一个女包说："这是一件市场价1万元的奢侈品牌女包，你们猜猜看它的生产成本是多少？"参会者纷纷给出了自己的猜测价格，"5000元""1000元""500元"……最终毕胜给出了答案："100元"。这一答案让现场观众极为震惊。

毕胜随后说："一件奢侈品从生产到消费，足足产生了100倍的加价率，即便是一件普通的商品，其产品的加价率也在10倍以上，你们知道为什么会有这么高的加价率吗？"毕胜给出了自己的见解，"事实上，在现有的传统零售乃至互联网零售模式下，商品从生产到达消费者手中需要经过多达20多个加价环节的超长流通链，而每一个环节都在累加成本，可谓雁过拔毛，层层加价，而库存成本更是无法克服的顽疾。"

毕胜对互联网的动态极为关注，尤其是最新的科技动态。毕生认为消费者完全可以决定生产的方式数量和类型。其实这一模式，作为电子商务巨头的阿里巴巴实际控制人马云也在关注，因为这有可能是淘宝以后的一个发展思路。

这种模式也是"消费者需求"为起点，通过移动互联网来主导工厂的生产制造过程。仔细分析我们发现，这种模式实现了"0流通环节""0库存"。因为消费者直接对接工厂，不用再有平台销售环节，此外只有当消费者下单后，工厂才开始生产，这使得工厂零库存。最终这种模式压缩了工厂的生产成本，也降低了消费者的购买成本，这也是C2M模式能够在未来立足的理论基础（见图6-9）。

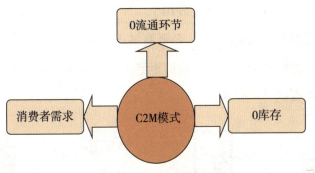

图6-9　C2M模式

毕胜希望："'必要商城'能够以让消费者以'白菜价'享受到具有'奢侈品品质'的商品，真正满足那些对生活品质有追求的移动互联网用户。"为了实现这一目的，毕胜团队制定了几近"变态"招商策略。必要商城招商成员规定，必须同时满足四个条件："第一，必须是全球顶级制造商，第二，必须拥有自己的柔性制造链（每一家制造商的改造成本至少在5000万元以上），第三，必须接受必要的定价体系（在制造成本的基础上加价不超过20元），第四，必须与全球顶级的设计机构合作（见图6-10）。"

尽管这一策略很苛刻，但是还是吸引到大量的顶级制造商加入。因为这些制造商们相信，这是未来的发展趋势。当然，这种严格的审核标准，意味着必要商城的发展不可能得到大幅提高，经过两年的努力，必要商城仅6家合作伙伴。这6家合作伙伴品类各异，如箱包制造商新秀丽箱包，女鞋制造商BURBERRY、

PRADA，运动产品制造商Under Armour，配饰制造商CARTIER，眼镜制造商依视路等。毕胜计划到2016年，必要商城将会再增加4～5个品类，到时品类将突破10个。

在必要的官方网页上，必要商城声明："我们不公开招商，我们的招商标准异常严苛，我们拒绝粗糙和简单复制。"下面是必要商城招商的另一要求。

顶级奢侈品或国际一线品牌的生产制造背景　　拥有链接全球顶级设计师的整合能力　　具备为用户提供尖叫品质的恒心　　用杀手价格服务用户的思维

图6-10　必要商城的策略

当然，必要商城能有如此底气打出这样的宣传，也是有其实力支撑的。因为必要商城为供应商提供了一系列的服务，而这些服务在其他平台很难得到，这些主要服务如下（见图6-11）。

必要为商家提供

垄断垂直品类市场机会　　全新的C2M应用市场　　快速建立品牌影响力机会

图6-11　必要商城与商家

对于毕胜做的必要商城项目，钟鼎资本副总裁Vita GU评论说："C2M之于制造、零售，就像大数据之于互联网，是对传统商务模式的颠覆与再造。'必要'作为全球第一家C2M平台，如果顺

第六章
中国的工业4.0

利运营,相信一定会成就一番伟大的事业。"Vita GU给出如此高的评价,源于其有工业4.0的基因。

这种C2M模式给制造业、零售业带来生机,消费者的需求供应很大程度增加了制造商、零售商的源动力。通过舍弃中间环节的方法,使消费者可以以极低的价格买到最优质的商品,同时制造商的利润也能得到保证。

必要商城以C2M模式为出发点,给制造业带来了一种新型的解决方案,当然最大的特点是与工业4.0时代模式不谋而合。工业4.0是通过万物互联,实现工厂制造智慧化,用户下单数字化、便捷化。对于突出个性化定制的工业4.0来说,C2M模式很可能成为其最主要的一种呈现模式。因为C2M舍弃了电子商务平台,直接对接终端消费者。由于工业4.0在中国还处于初步实施阶段,所以这个市场十分庞大。

由于工业4.0定位于解决消费者需求,未来的制造业还会产生巨大的附加值效应。对于这次社会变革的大潮流,个性化定制也将成为制造业的大趋势。

在C2M模式之中,制造商、消费者将获得最大的收益,因为最便宜的商品多是买家与卖家直接参与交换的模式。对于C2M模式,优米网创始人王利芬说:"必要电子商务平台是少有的又能定制又能享有名品质量平民价格的平台,C2M的改造让这个变成了现实。"

在必要商城的官方产品页面,你对发现一款来自国际眼镜巨头依视路旗下制造商合作推出的眼镜。根据官方解说及论证表明，这个国际眼镜确实代表的眼镜制造业的顶尖水准。

在重量上，它是全球最轻的航空钛金属镜架；在镜片厚度上，它是全球最薄的1.74镜片；此外它还拥有抗紫外线espf专利、防智能设备伤害的抗蓝光涂层等，而且镜框的外形、颜色，镜腿外形、颜色，镜片的种类乃至"哈气标"显示的数字、字母等，均可实现个性化定制。

对于这样一款产品，被很多人认为是奢侈品，然而它的定价却很亲民，价值在169～499元。制造商说这款眼镜只赚不到20元，许多人都持怀疑的态度，当然不得不说这是一个特超值的商品。

必迈是主要体育运动方面的产品，其创始人张志勇对C2M也有为认可，他说："作为必要商城的合作伙伴，我们历时一年进行了柔性生产链的改造，但我认为这是值得的。因为多年的运动行业零售管理经验告诉我，C2M一定是电子商务的未来，它通过打掉制造商到消费者的中间环节，给予消费者高品质、低价格的超高性价比的产品，让消费者降低消费成本，大大提高了消费质量。"

由于C2M模式具有未来属性，我们完全可以相信，传统行业消失后，C2M模式将超越B2B、C2C、B2C等模式，成为新时代的主导者。在工业4.0的大趋势下，C2M才真正拥有了这个时代基因，通过不断的产业链重组，C2M必定走向它的辉煌。

下篇 传统企业如何搭上工业4.0的极速列车

第七章
传统行业与工业4.0的纷争

在工业4.0时代,传统行业不堪一击。企业要想在新时代竞争中获胜,要么转型,要么等死。每一次时代性的革命,都会给世界以洗礼。在汽车领域,这一变革加剧了行业洗牌,老的王者退去,新的霸主产生。

7.1 传统行业为何不堪一击

工业4.0是大数据与线下服务的融合，具有"互联网+"的所有特点，所以工业4.0与传统行业的竞争根本不在一个层面上。我们可以用"二向箔"原理进行形象地表述，根据百度百科表述："二向箔是作家刘慈欣的作品《三体III：死神永生》中想象出来的一种维度打击武器，在宇宙黑暗森林状态下，星际文明的一种毁灭性攻击武器。一个被力场包裹的'小纸片'。与三维空间接触的瞬间，使三维空间的一个维度蜷缩到微观，从而使三维空间及其中的所有物质跌落到二维，达到消灭敌方的目的。"

对工业4.0来说，传统行业在"互联网+"、大数据的情况下就被迫降低了维度，所以众多传统企业纷纷倒闭。

不同的时代，需要不同的"二向箔"。正如李彦宏所说："（自从互联网）大幕拉开以后，第一幕已经结束了。第一幕是什么？是PC互联网。也就是说基于Desktop（桌面）的互联网时代已经结束。那第二幕是什么？大家都知道是移动互联网。移动互联网现在处在一个让人兴奋、能够看到很多高潮、也有很多不确定性的阶段之中。所以我们看到无数的VC涌进来，无数的优秀人才涌进来,各种各样的补贴大战,这就是我们现在所处的一个阶段。"

能让VC们疯狂,皆因移动互联网巨大的改变能力。Google搜索退出中国市场,业务也移至香港,但这并不影响其全球第一的搜索地位。不过我们分析Google的成长史发现,其有一个"二向箔"——免费。

Google为用户提供的超过100种产品都是免费的,而且Google还在持续地为客户研发和赠送新的免费产品,免费产品为Google带来巨大的潜在客户群,其盈利能力超过美国所有航空公司和汽车企业盈利的总和。

这是一家全球最大的互联网公司,其盈利模式还是十分单一的,仅是广告。Google在少部分核心产品上为供应商们做广告,却赚取了大量利润。这就是Google的免费策略,听起来"简单"而"粗暴",却很有实效。

Google搜索仅仅只是一项免费的搜索平台,从而吸引了大量的商家来打广告,最终赚取巨额广告费用。这就是新型的营销策略:"羊毛出在羊身上"。尽管这一比喻不恰当,但是却能很直观地说明问题。

在国内,这一方法也被互联网巨头360用得出神入化,惊为天人。尽管360与金山、可牛、QQ、百度等互联网类公司口水不断,但是这并不影响360的用户桌面占有率。

360与腾讯QQ爆发过"二选一"的战争,最后腾讯"做出了一个艰难的决定",即"腾讯致用户信——亲爱的QQ用户:当您看到这封信的时候,我们刚刚做出了一个非常艰难的决定。在360公司停止对QQ进行外挂侵犯和恶意诋毁之前,我们决定将在装有360软件的电脑上停止运行QQ软件。我们深知这样会给您造成一定的不便,我们诚恳地向您致歉。同时也把做出这一决定的原因写在下面,盼望得到您的理解和支持。"

两者之争是非,我们不再评说,但是这从侧面反映出腾讯的不安之处,因为360有其巨大的市场份额。

360在2006年成立,并推出了自己的发展模式——免费。在与QQ之争中,占有上风。因为用户最关心的是自己的利益,而非两家企业的生死。360为用户提供了免费的桌面安全,而腾讯并不全是免费。这样最终的结果,可想而知。尽管腾讯在当时拥有6亿的用户群,但是支持360的明显多一些,因为360是免费的。

在移动互联网时代,免费策略仍是一项给力的"二向箔",因为这维护了用户的利益。但是移动互联网并非只此一项"二向箔",其他的"二向箔"还有很多,我们将"二向箔"的原理进行表述(见图7-1)。

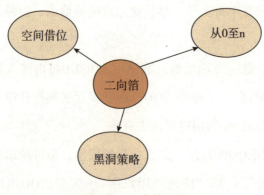

图 7-1 二向箔原理

第七章
传统行业与工业4.0的纷争

第一,"二向箔"空间借位。"二向箔"致胜皆因降维,即三维变为二维或四维变成三维。当然对手是不会主动降维的,但是我们可以通过自身升维来解决。升维的基础点是以用户为中心,服务好用户。用户爱什么你就送什么,顺着用户的思维走,你将无所不胜。

第二,"二向箔"从0至n。一款好的"二向箔"必须有病毒式复制、进化能力。对于企业来讲如何快速用0成本的方法复制是抢占市场份额的核心。至于进化能力是根据市场反应自发产生新的反应,不需要大量人为操控。

第三,"二向箔"黑洞策略。在强大的对手面前,必须降低其在目前的位置。如果你的企业是一个黑洞,那足以吸住对手及对手的支持者,最终实现对手绕着你运转的思路。

无论新一轮的变革如何,传统行业如何反应,都离不开以上三点。传统行业的倒闭与新兴行业的开启都在顺应这个规律。

7.2 汽车领域的新革命

15年之前，微软被认为是不可战胜的。于是美国许多部门要求分拆微软，并且强度一次比一次剧烈。如在2000年的时候，美国地区法院法官托马斯·潘菲尔德·杰克逊对微软垄断案做出最终判决，下令将微软分解为两个独立的公司，以防止软件业巨头微软公司利用其在计算机操作系统的垄断地位进行不正当竞争。尽管这一裁定很快被推翻，但微软在用户心中的地位已经弱化了。世界可以造就微软，当然也可以生长出苹果、谷歌。

微软的时代已经渐行渐远，在2012年10月谷歌的市值首度超过了微软，二者的市值分别为2491.9亿美元和2474.4亿美元。2015年8月1日，两者的市场分别为3770亿美元和4341亿美元（苹果市值为7176亿美元）。

微软创立于1975年。40年来，微软一直在"软件"上发力，当然也创造了无可比拟的辉煌。然而时代变了，微软并没有再次取得大的发展，微软慢慢由领跑者变成跟跑者。此外，微软众多项目纷纷失败，MSN、Bing等成为陪衬，移动操作系统的气场也远逊苹果IOS和谷歌Android。微软的支柱PC正在快速被智能手机和平板

第七章
传统行业与工业4.0的纷争

电脑所取代。

移动互联网时代，有人将微软比喻成一棵果树，苹果是一座果园，谷歌则是一个能长出任何东西的土地。自成立之初，谷歌便"无所不包"，仅2011年，谷歌就收购了25家公司，平均两周一家。如果算上为了专利和知识产权而收购的公司，总数则达到79家。

谷歌的收购领域众多，只要遇到有可能结出一个果子的树，谷歌要把它收购，通过不断整合，让这棵还未结果的果树上结满果子。如今谷歌重要收入来源来自Double Click和AdSense，这两家公司都是收购来的。在系统方面，谷歌收购Android进而制衡苹果系统；在网络视频方面，收购的YouTube，从而确立此领域的领导地位。

谷歌收购时，能结果的会收，不能结果的也要收。因为谷歌发现，有些企业的创始人其实就是个天才，只是在一片土地上结不出果实，而换块土地就大不相同了。所以谷歌遇到这种情况也会选择收购，如它利用收购的团队开发新产品——地图、Docs、Analytics和Voice等产品。令谷歌引以自豪的是这些收购的团队研发的谷歌眼镜，戴上这款眼镜，用户无需动手便可上网、处理文字和电邮，还可以用声音控制拍照、视频通话和辨明方向。人们对其的期待远远大于苹果的iPhone推出的系列产品。谷歌目前最火的技术不是谷歌眼镜，而是谷歌无人驾驶汽车。

谷歌是拥有全球最大的搜索引擎（没有之一），当谷歌确立了全球搜索技术领域的垄断地位之后，开始打造新的第一。汽车领域就是谷歌的其中一个目标。这个想法很简单。谷歌首席执行官拉里·佩奇说："我的孩子现在很小，我敢肯定你们也一样。但想想这些孩子在老得无法开车时，我们没理由不开发出可以教他们开车的技术。"这是多么有情怀非科幻的想法啊！

其实，谷歌是在谋划一张更加宏伟的谷歌版图。因为如果你的版图太过简单或弱小，很容易会被其他人超越。在这方面最为著名的案例便是苹果的崛起，苹果通过开发触摸屏技术使得日本笑傲全球的精密电子机械制造业拱手退位，苹果的股价最高时达到每股700美元的历史高价。

苹果取得的成就，谷歌当然也想。汽车领域对谷歌来说绝对是一个拥有巨大市场的蓝海。美国是一个生活在车轮上的国家，随着全球发达国家包括像中国这样的新兴国家逐步步入老龄化社会，人们对自动驾驶汽车的需求可谓是空前的。

如果后续的上路试验证明谷歌的无人驾驶汽车可以投入实用，那么对于其地图被广泛使用但却很少有人买单的谷歌来说，通过无人驾驶汽车技术来收取谷歌地图的费用绝对是爽到极致，无人驾驶汽车技术有望成为谷歌垄断全球搜索技术市场的新王牌。

2010年谷歌无人驾驶汽车获美国加利福尼亚州法案通过，可以在加州内的道路上行驶，这标志着无人驾驶汽车已被合法化。至2015年7月，处于测试阶段的无人驾驶汽车行程为190万英里（约合306万公里）。当然这并不是一切顺利，在测试行程中出现了14起交通事故，在这14起交通事故中，有11起是其汽车被其他汽车追尾，出现这种状态的根本原因是有人驾驶的汽车驾驶员注意

第七章
传统行业与工业4.0的纷争

力不集中所致。其实这也间接证明了谷歌无人驾驶所取得的惊人成就。

谷歌使用的无人驾驶汽车是在其他车的基础上进行改装的。谷歌无人驾驶汽车内部有着一系列的感应器,由无线电雷达探测器、激光探测仪、摄像设备等组成。通过这一系列感应器,汽车可以清晰识别出周围物体,清楚地掌握它们的大小、距离,能判断出周围物体将可能对车辆的运动和路线造成什么影响,并做出相应的反应。

改装主要有三个方面:一是障碍物识别。在无人驾驶汽车的车顶上,安装有雷达系统,它可以探测周围近百米内(这一范围还在不断扩大)物体,侦测障碍物和其他车辆。二是交通信号识别系统。通过驾驶的摄像头,会捕捉到交通指示牌和信号灯信息,并发出指令。三是实时定位系统。无人驾驶汽车的轮胎上安装有传感器,根据速度和方位确定当前所在位置,并通过连接GPS和Google地图的路线系统可以让它找到通往目的地的最快捷道路(见图7-2)。

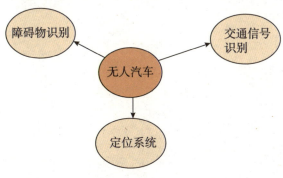

图7-2 无人汽车的三个突破

对于无人驾驶所取得的进展，阿拉斯加安克雷奇大学计算机信息工程学院副教授兼电子工程师协会（IEEE）成员杰弗里·米勒（Jeffrey Miller）认为："汽车控制系统会越来越智能化，如平行泊车、自动刹车等都会很快实现，人们也会慢慢欢迎这项新的智能技术。在20多年后，无人驾驶汽车很可能成为那时的主导车款"。

当然对于追求驾驶速度的人来说，这并不是什么好事。有人认为这样的无人驾驶汽车，太过于平淡。对于这种看法，只能用"呵呵"去回应了。因为美国汽车保有量超过2亿辆，汽车交通拥堵才是真正最平淡的事。

IEEE协会还推断："2040年美国路上行驶的汽车有3/4都是无人驾驶汽车。汽车电脑将成为整个物联网的重要组成部分，闯红灯和超速将成为历史。无人驾驶汽车可以减少道路伤亡、交通堵塞和空气污染，也为残疾人和老人出行提供了更多便利。而且，"自动驾驶汽车能够更好地利用道路减少停车场的大小，因为它们能够比人类更加精准地停到车位上"。这对美国甚至世界上交通拥堵的国家来说，这是多么不平淡的事啊！

第七章
传统行业与工业4.0的纷争

7.3 "逻辑思维"和粉丝经济

从2013年开始至今，罗振宇的自媒体脱口秀"逻辑思维"一直很红火。我们把过往的数据重新理一下。

2012年12月，脱口秀"逻辑思维"上线。2013年8月，"逻辑思维"推出付费会员制，不到一天入账160万元。2013年12月，"逻辑思维"推出第二期付费会员，24小时内入账800万元。此时每期"逻辑思维"视频平均点击量超过100万，其微信公众号粉丝数超过百万。

这就是粉丝经济所带来的收益，移动互联网时代这一点也会生效。那我们根据这类现象去找出它与传统行业的区别。

1. 被动触发PK主动关注

我们发现每一次苹果出新品的时候，很快网上就有大量销售仿品的卖家和买家。Apple Watch发布之后网上就出现了Android版的仿品，而为什么诺基亚发布新品之后不会出现这种情况呢？有人拿品牌价值解释这一现象，但不尽然。在互联网时代之前，电视上经常出现"好空调格力造"这样的宣传，后来被大家接受，这样的宣传依赖营销和产品，当人们购买空调时，看到价格一样后，客户多会购买格力的。

而现在如果还在电视上打这类的广告，还会出现之前的效果吗？显然不会，因为那采用的是被动触发方式。在移动互联网情况下，出现了一种新的逻辑——主动关注。

主动关注有一个被动触发式营销无法达到的现象，那就是关注即将生产的产品。如在iphone6 Plus来现后，这些主动关注的人往往会留意iphone7什么时候会出现，会不会再生产iphone7 Plus，在网络上同时还会展开大量还没有上市的新产品预测。这也是为什么小米新产品、苹果新产品被广泛传播的原因。当有人关注了小米后，在其社交时往往直接或间接地会提及小米。

对于苹果的主要用户可以分为技术爱好者、产品尝鲜者、实用主义者、保守主义者、怀疑主义者。

当产品被实用主义者关注后，就等于产品进入了主流市场。如果你还拥有一定的粉丝，那么通过这些粉丝的传播其他四类人也会被转变为实用主义者。因为你的粉丝主动关注苹果手机的动向，并通过网络、社会传播，最终使市场再次引爆。从商业的角度讲，粉丝经济比品牌营销拥有更高的转化率。

2. 粉丝的反商业本质

微博上的粉丝关注博主，多是主动关注，许多博主也常常会与粉丝互动。这种是以情感为主导、利益为辅助的模式很受粉丝欢迎。当然粉丝还是希望以情感为核心比较好，因为这与情怀有关，与利益无关。

对于类似小米类的粉丝群，他们的根源是什么呢？主要根据产品功能、附加值、情感这三个层次进行划分（见图7-3）。

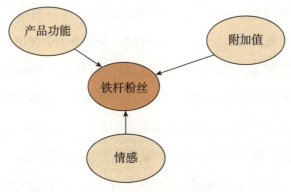

图7-3　铁杆粉丝的获得方法

首先，产品功能是建立与粉丝关系的切入点。无论是苹果6还是特斯拉汽车都需要为粉丝提供一个场景。这种基本场景是能不能把庞大的粉丝群转变为铁杆粉丝的根本原因。如果提供的产品能满足粉丝的需求，并与同类产品相比有一定的差异性。这就具备了基本的商业运作的前提，因为将一些粉丝群进行了转化。

其次，附加值是持续留住粉丝源头。当产品的功能不是那么完美的时候，附加值的效果就出现了。如手机公司为大家提供手机，当你刚买的这部手机出现了问题，你对此公司的评价就会降低。那么公司可以通过免费退换、免费维修、免费升级等作为附加值的参考点。

如果手机公司的产品很好，附加值绝对好，那么这部分粉丝转化为铁杆粉丝就相对容易一些。

最后，在产品功能和附加值之外，还加注入了情感的元素。当情感元素被注入到产品之中，即使产品和功能还是那么完美，但是粉丝还会追随他。

生活在现实中的我们，如果我们的朋友面临困境，我们会不会伸出援手呢？当陌生人面临困境时，我们会不会伸出援手呢？显然，我们的朋友面临困境中，我们提供尽可能多的帮助，帮助几十万上百万的例子并不少见，但是我们很少见一个陌生的乞丐有人一次性给了上万元。如果大家都捐助乞丐1万元的话，在中国这个乞丐的总资产就会超过13万亿，显然这是一厢情愿的事。

在产品功能、附加值、情感之间，三者的关系是可以叠加的。一个层次比一个层次高级，越高的层级越脱离商业的本质，但是却又形成了强大的商业变现能力。

3. 粉丝经济的无界限

在移动互联网时代，粉丝经济轻松地跨越了地域、年龄、性别、阶层等界限，这使得人人都可以做自媒体，人人都拥有粉丝，企业当然也可以。

唯品会2015年7月宣布其注册用户过亿人。这是一家做特卖的网站，通过下面几个点的发力最终实现了粉丝经济时代无界限的突破，只要能会智能网络就有可能成为唯品会的会员。

首先，唯品会在与供应商的合作中，和京东是类似的，坚决选择正品。如果有些大型网店一旦出现假货事件，就会导致大量的客户外流。因为没有考虑到客户的利益，当然客户会离其而去。

其次，唯品会选择特卖模式。唯品会通过限时特卖，让客户的购物成本下降，客户也明白这是物超所值。对客户来说，这就是附加值的体现。

最后，保证大量品牌、大量新品。唯品会通过与品牌商合作，确保品牌的种类和数量，以及新品上市速度，使商品一直保持较高的流动性。唯品会从大众名品特卖起到服装尾货特卖转型，不断增加新品、专供品的比例，扩充商品品类，目前其全品类合作品牌超过13万个。

根据2015年唯品会一季度统计数据显示，其一季度净利达3.8亿，同比增长125%。随后，唯品会以382.98亿元的品牌价值入选了第九届中国最有价值品牌500强，在国内电商领域位列第三。强劲的增长率和品牌价值代表了用户与投资方的认可程度。

尽管像唯品会这种规模的企业有很多，但是想做好粉丝经济并不容易。粉丝经济的竞争也很激烈，当一个平台（如公众号、产品、网站等）留不住人的时候，那么界限就很快地显现出来了。这个原因就在于自媒体自身，自身没有足够的能力，离开的粉丝就会变成推倒大厦的最后的那点力量。

所以在无界线的粉丝经济中，获取有界限的资源，也要凭对用户的用心程度，你对用户全心全意，用户才会对你不离不弃。

7.4 爱屋吉屋与链家地产，谁的模式能活下去

1. "我是中介！佣金全免！"

经过4个月的筹备工作，2014年7月爱屋吉屋手机版App正式在上海上线运营。通过手机客户端下载后，你会发现这个APP功能到底有多强大。例如，你只需输入一个陆家嘴3个字，上面就会显示陆家嘴有多少套房源处于出租状态，同时你可以通过照片看到每一套房子的装修情况、房屋户型，另外此APP信息是动态的，一旦有新房源发布，此APP就会瞬间发布房源信息。以互联网起家的爱屋吉屋当然会亮出它的优势数据，例如，最近3天上海新增了多少房源，租出了多少套房屋。如京东商城，你不用出家门就直接挑选优质的出租房源。

当租客将心仪的房源放进"约看清单"后，并填上期望看房时间，爱屋吉屋将指派一位专业的经纪人全程带租客看房。无论客户处于何种位置，爱屋吉屋专业的经纪人就会以最快的速度到达那里，真正提高客户的满意度，同时也节省了像传统通过中介看房的奔波之苦。

第七章
传统行业与工业4.0的纷争

爱屋吉屋成立之初,就给自己清晰的定位。联合创始人邓薇表示,这是第一家专门做租房、第一家没有门店、第一家全程提供一对一经纪人服务的互联网中介公司。爱屋吉屋通过自己的互联网技术将传统房源信息搬到互联网上,真实透明地展示给租房者。同时爱屋吉屋承诺房源100%真实有效,并备有虚假房源投诉电话,以接受社会的监督。

爱屋吉屋一直坚持房源实时更新,在爱屋吉屋的App上,每个小区定位的指示针上都有一个数字,那是委托房源实时更新的数量。例如11月1日,在爱屋吉屋App上,可以明显地看到上海最近3天新增了7012套房源,其中租出去2139套。

爱屋吉屋用120天的时间拿下上海租房市场的冠军凭借的不止是互联网技术,还有低价策略。低价是所有行业的绝杀武器,因为这是行业洗牌的标志,也是一场没有硝烟却争得你死我活的竞争。

显然爱屋吉屋要以挑战者的身份出场,不过这次更猛烈。爱屋吉屋2015年2月开始测试,3月就推出了二手房业务,并且打上了"二手房佣金1%,租房佣金全免"的标签。目前,北京二手房中介的佣金为总房款的2.2%~2.7%,按照这一比例计算,成交一套400万元的房子,在北京使用爱屋吉屋能至少节省4.8万元的佣金。

降价能吸引大量客户,显然其他中介也想到了这一点,只是爱屋吉屋做得更彻底。2014年12月,北京思源地产首先掀起大降价风潮,宣布二手房买卖佣金从原来的2.7%下降至1.5%。一个月后，向中介转型的搜房网又将这一数字拉低至0.5%。

客户资源争取的同时，经纪人之间争夺又随后展开。北京传统的二手房经纪人底薪在2000元左右，链家提出无责任底薪4000元政策，提佣比例最高达70%。中原地产拿出24.9%股份用作针对骨干的持股计划，并将佣金比例上限提高到40%；我爱我家更是推出全员持股的"金钥匙计划"。爱屋吉屋更是为经纪人提供行业最高的底薪，他们经纪人的底薪为6000元，是其他公司的2倍多。

2. 推倒门店，开启轻资产模式

爱屋吉屋与其他地产中介最大的不同就是去门店化，经纪人没有门店，而是在办公楼里办公，客户通过App或者网站预约看房，经纪人接到看房信息后与客户一起看房，最终达成交易（见图7-4）。

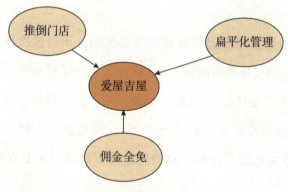

图7-4　爱屋吉屋模式

对很多传统的中介公司来说，通过门店成交的客户达60%以上，同时也是实力的象征。链家地产在北京的门店超过1000家，仅门店比拼这一块就占有绝对优势。

不过，由于门店租金年年上涨，市场行情又不断变化，导致不少地产中介陷入"开店—关店—再开店"的恶性循环之中。比较有代表性的就是21世纪中国不动产，这家曾经在全中国有835家门店的房产经纪公司在美国上市5年，市值缩水了3/4，前不久被纽交所退市。

3. 扁平化管理，摊薄成本

爱屋吉屋敢于低价占领客户市场、高价占领经纪人市场，那么它的盈利模式是什么呢？大数据管理，也就是工业4.0的突出体现的一个方面。"互联网+"下的工业4.0已经为爱屋吉屋指明了的盈利思路。

房地产交易波动大，容易受到政策影响。而互联网的存在，让管理显得更智能。通过对数据流的分析，可以找到解决成本的思路。

如果按传统思路去经营，爱屋吉屋绝对是在做赔本的买卖。因为爱屋吉屋目前经纪人数量超过6000人。当实施"提供行业最高的底薪"的政策时，财务成本增速超过40%。

不过，联合创始人邓薇却有她的思路，目前爱屋吉屋的租房经纪人每人每月可成交8单，效率是其他公司的数倍，这样成本就被摊薄了。此外，爱屋吉屋只有三层管理层级，区长—组长—经纪人，决策与执行更加统一。

传统中介中原地产主席施永青说，"我们不可能把佣金比例提高太多,如果前线拿85%,还有多少给中层管理和后勤人员,还有多少积累?"繁重的管理结构似乎一直制约着传统中介公司的手脚,在这一点上,有互联网背景的公司显得更有优势。

时下的传统中介行业被迫降价,因为对手在降价,你不降价,意味着等死,而选择降价等同于找死。在大数据方面占据绝对优势的爱屋吉屋底气十足,更在资本的支持下,攻城掠地。当然最终受益的还是消费者,因为中介费降下来了。

4. 到底谁在革谁的命

爱屋吉屋与链家地产的竞争,是行业洗牌的过程。按市场规则,行业老大与老二疯狂战斗,最终死掉的是行业老四、老五等。

对于爱屋吉屋的"杀招",有"野蛮生长"称号的链家地产不会坐以待毙。随后,链家在线变为链家网,由原本只让链家地产员工发布信息的平台,变为合作伙伴也可以发布广告信息。随后,链家地产在上海、广州开始频繁收购、合作等一系列动作,加速全国化布局。

两家公司特色十分鲜明,爱屋吉屋的创始人之前完全没有做地产行业的经验,凭借互联网模式去搅动地产中介格局。链家地产作为长期盘踞北京的行业老大,在管理、运营模式上也给其他行业带来了变革。

其实,两家地产中介的竞争,是工业4.0引领的"互联网+"与传统互联网的竞争,更是挑战传统经验的对抗赛,归根结底是互联

网思维在革传统经验的命。

曾经链家地产投入5000万元让IBM为链家在线（链家网前身）提供研发服务，这很快让链家地产与我爱我家、鑫尊地产等拉开距离。在2015年之前，对比排名前十的二手房中介网站，链家在线平台当属首位。

其他地产中介也想把房产信息资源搬到互联网上去，但是受实力、经营思路限制一直没有超过链家在线。当时知名房产发布平台搜房网（现已启动顶级域名房天下：www.Fang.com）、安居客、58同城、赶集网等。

随后搜房网涉足二手房实体中介，房产中介开始一系列抵制措施。链家地产率先发布与搜房中止合作，其他巨头纷纷跟进，20天的时候，搜房股价暴跌33.2%。

无论是搜房涉及二手房中介实体，还是爱屋吉屋走上二手房中介之路，都可以说明互联网经济在与实体经济开始了贴身肉搏击。输赢与我们无关，但是有一点与我们有关，那就是我们要用"互联网+"的思维去解读工业4.0，否则处于传统行业的我们，不主动革命，就要被革命。

7.5 电商渠道下沉带来的蓝海

互联网之下,我们的生活早已离不开BAT(百度、阿里巴巴、腾讯)。百度是搜索领域的第一,阿里巴巴是电商里的第一,腾讯是社交里的第一。BAT叠加到一起后,你还能不使用它们的产品,那你绝对是"惊为天人"。

在BAT之外,还有一些实力很强的巨头,只是被这三位比下去了,其实他们的实力也很可大,如京东、苏宁等。在移动互联网时代,如果你不熟悉移动互联网,那么移动互联网天天跑到你面前眼巴巴地看着你,直到你欢喜。这些巨头们都在行动,不信我们看看下面的数据。

据一家数据中心发布的数据显示:"2013年我国农村网民为1.77亿,占总网络人数28.6%。2014年我国农村网购市场规模达1800亿元,预计2016年将突破4600亿元,成为网购市场的新增点;农村网购用户对网购的接受率超过八成,网购消费者的平均年龄集中在20~29岁;农村用户的手机上网的比例已达84.6%,高出城镇5个百分点。"

这些数据意味着,农村上网的人员数量在大幅度增长,这些人群是大量潜在网购人群,这是电商们需要发力的"蓝海"市场,当然电商们早已在行动。

1. 进村刷墙,投资巨资地面推广

2014年上半年起,电商巨头阿里巴巴、京东、苏宁等纷纷进入农村"刷墙"。以前传统企业做的工作,现在这些巨头也纷纷学了起来。墙上的标题依旧简单,直击核心。

阿里巴巴刷在墙上的标语是:"生活要想好,赶紧上淘宝",京东刷在墙上的标语是:"发家致富靠劳动,勤俭持家靠京东",苏宁刷在墙上的标语是:"当心花钱淘假货,正品省钱来苏宁"。

其实在2013年的时候,这些巨头们都已行动了。京东购买了3辆大篷车,分3条线路对100多个城镇进行宣传,在全国乡镇刷出超过万幅的墙面广告。大篷车还会在现场展现大家电的实物、样机,同时消费者可以在现场扫码直接购买,下单后就可以送货入户。下乡刷墙凸显影响力,现场展示样机刺激村民购买,以此迈入农村。巨头如此兴师动众的原因,皆因以下三种乡镇网购障碍,(见图7-5)。

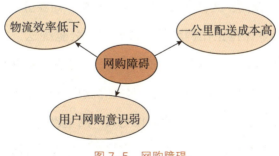

图7-5 网购障碍

巨头们的思路很清晰,依照的是"兵马未动,粮草先行"。在电商进村之前,一系列基础设施建设早已紧锣密鼓地进行中,物流布局就是重要的一环。

2. 京东PK阿里巴巴

电商离不开物流,在大城市物流早已形成规模。而在农村,许多物流并不发达,巨头们要想在农村市场大展拳脚,就必须解决物流问题。当然有钱任性的巨头们,各显神通,我们以京东为例,看看他们是如何行动的。

构建自营站网络。2014年初,京东启动了先锋站计划。这一计划通过在当地成立京东配送站,承担配送、销售、上门取件、换新、货到付款等一系列服务。这一方法一劳永逸,当然资金投入巨大,一般的小电商是玩不起的。

这些京东配送站都是偏远地区或京东没有涉及的地区。按照规划,当业务量增加到一定规模后,就会设立京东自营站,这使得京东的配送区域得到了极大的提高。

一公里配送。在北京城六区,由于京东基础设置齐全,客户量大,京东在解决一公里配送的时候很轻松。而在分散的农村,投入与产出很难保持正比例增长。这样"一公里配送"很可能是赔本买卖。为了解决这一问题,京东成立"京东帮"服务店。"京东帮"通过与其他物流合作的形式,最终完成京东配送的落地。

与京东相比,阿里巴巴的动作更大。阿里巴巴专门成立了菜鸟物流网络。这个网络很庞大,能够支持单日300亿的网络规模,力

第七章
传统行业与工业4.0的纷争

争在中国任何一个地区的订单都能在24小时之内送到客户手中。

当然,阿里巴巴也面临"最后一公里"的配送难题。为此,在2014年的7月,阿里启动渠道下沉战略,旗下淘宝、天猫电器城、聚划算联合,借助菜鸟网络平台的物流标准化服务及手机淘宝二维码扫码购等,首期推出了覆盖范围最广的标准化产品大家电送货入户,大家电直达2600多个区县、50多万个村庄。

对于一些偏远地区的农村用户来说,网上购物是个新鲜事物。有些农村用户还不会熟练操作智能手机,当然PC机运用的也不熟练,甚至根本就不会使用,这是历史原因导致的问题。但是这些电商巨头必须解决这一问题,因为农村用户的习惯不改变,再多的"刷墙"工作也是徒劳。为此,这些巨头们开始培养这个用户群的网络购物意识。

京东与阿里巴巴一样,都在农村设立服务站,真正实现渠道下沉。不过,阿里巴巴做得更强悍。阿里巴巴在农村服务站里,开展网上代买、网上代卖、网上缴费等项目,这样即使不认识字的人也可以在网上出售掉自己的产品。

看到京东与阿里巴巴在农村的布局,我们发现传统行业与新兴行业是可以融合的,只要通过对传统行业进行适当的引导,那么也有进化为新兴行业的可能。

7.6 工业4.0下的商业格局的演变

工业4.0技术在制造业上应用，也会慢慢在其他行业上进行运用。因为工业4.0包含制造业，但并不止步于制造业。为了更好地解释商业格局的改变，我们把互联网、"互联网+"、工业4.0放在一起（见图7-6）。

图 7-6　互联网、"互联网+"、工业 4.0 的关系

我们下面给出这种划分方法的原因。

第一，先后问题。20世纪出现了互联网，目前我们在"互联网+"的时代，接下来的20年我们要步入工业4.0时代，这是一个进化过程。

第二，领域问题。20世纪互联网功能都很简单，而到现在"互联网+"功能方面做了很大的提升，工业4.0时代更是如此。由于技术的变革，导致演变的过程中所涉及的领域越来越广泛。也就是说，这三者是承上启下的链接关系。

从20世纪的线下实体店的辉煌，到现在的电商辉煌，接下来就是移动互联网辉煌了。这样的演变,构成了空间上的"三个世界"结构。

移动互联网的时代到来,那我们看下它能为我们带来什么改变。传统商业格局被京东、淘宝等电商改变,那么谁去把电商格局加以改变呢?我们从四个角度去分析即将到来的商业变革(见图7-7)。

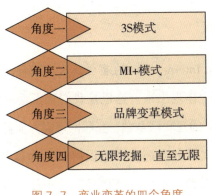

图7-7 商业变革的四个角度

1. 3S模式

传统零售业扩张的法宝是连锁经营,互联网时代扩张的方法是平台化运营,而工业4.0时代则是社群化。

传统零售业商业模式要以用LDF三个字母所替代,即LDF:Location(位置)、Detail(细节)、Franchise(连锁化)。

而在新的商业形态就是社群化(Social)、服务化(Service)、链接化(Supply-chain)。企业与客户的关系不止是利益关系,更多的是伙伴关系。客户通过定制模式给企业反馈更多的意见,客户与企业的沟通会变得越来越多。

在服务方面,供应商或制造商不再去实体店、网店,直接通过厂商APP定制,最终所需产品直接送到家庭。

链接化强调链条式合作,而非门店化、平台化运作。通过多方比价系统,客户最终确定是否购买厂家的产品,而不会产生门店、网店的强势现象。这是一个去中心、去平台化的世界,我们只需要点对点,就能潇洒地活着。

2. MI+模式

MI+是Mobile Internet Plus的缩写,这意味着所有的社会元素都会在移动互联网上体现出来。这也是我们真正走进移动互联网的特征。这在最近新兴的互联网金融、互联网理财方面都有突出的表现。

对于MI+模式很多人都会产生误解,认为就是Micro(微细)的缩写,甚至把微商、微店、微信都归结于此。根据MI+表现出来的现象,显然这不是一个层次的产品。目前我们所接触到的可穿戴设备、在线教育等才是MI+的场景。

在MI+模式模式下,各种限制都会被打破,通过不同产生整合,进而实现跨界盈利,突破传统产品空间、资源的限制。

3. 品牌变革模式

在传统行业,树立一个品牌需要数十年的积累,如格力、华为等都经历了漫长的品牌积累期并投入了巨额的营销费用。而互联网趋势下给出了一条快捷模式,例如,黄太吉煎饼、雕爷牛腩、江小白小酒、马佳佳情趣用品等。这些创意品牌被越来越多的年轻人所接受。

第七章
传统行业与工业4.0的纷争

在此我们讲述一个特殊的案例,这个案例与成败无关,只是启发我们的头脑。2015年7月26日游侠电动车在北京召开发布会,宣布国内首款互联网汽车"游侠x"正式发布。发布会过后网络各种质疑声音不断,但是这不是我们关注的重点,我们只关注一些能给我们带来启发的思想。

根据创始人黄修源的设想,这将是一款中国的"特斯拉"。许多人认为黄修源是疯子:一个85后,一个成立仅一年的公司,手上仅有几千万现金,怎么可能去做需要投资上百亿的汽车产业呢?

但是在跨界的时代,有什么不可能呢?黄修源或许这次成功不了,世上还会有成千上万个黄修源去完成这件事。马云在推广网络黄页曾经被认为是骗子,可2015年7月31日阿里巴巴市值达到1978亿美元。吉利集团董事长李书福现在已经在中国收购了沃尔沃。近年来,他曾说:"汽车,就是四个轮子,两个沙发,再加一个铁壳子。"这就是李书福的态度,在"专家"看来,他是疯子、骗子,可是他实现了。

我们再回头看黄修源的"游侠x"电动汽车,这也是一项疯狂的创举。但是如果"游侠x"在2017年兑现了其量产承诺,投资商们都会挤破头,希望能见一下黄修源甚至他的助理。在这次事件中,有一项可以肯定的,"游侠x"的品牌路线已经建立,只需要一个引爆世界的兑现过程。无论结果如何,这是对品牌变革模式的一次洗礼。

4. 无限挖掘,直至无限

现在BAT们都在挖掘大数据,美国的巨头谷歌也不例外。既然

如此,那么大数据到底需要挖掘哪些信息呢?答案只有一个:连接用户的一切信息就是挖掘的唯一方向。

目前,美国纽约的消防部门根据数据挖掘技术发现城市的建筑物发生火灾是可控的。通过对基础数据的分析,测算出建筑物受火灾威胁的概率来预测哪些城市的建筑物发生火灾的风险最高。通过这个方法,我们可以获取到元数据。破旧的房子、闲置的房子或贫民区的房子发生的概率会大很多。得到这些基本数据后,消防部门只需要对这些房屋重点关注就可以,其他的房子只是偶尔排查即可。

美国这些数据对预测比较有帮助,通过类似预测使美国的火灾发生频率降低了。负责风险管理的助理署长罗斯在接受《华尔街日报》采访时说道:"(这个项目)最终会让我们看到火灾发生次数减少了,火灾的严重程度也会降低。"

波士顿等地区根据同样的思路进行大量的数据统计,波士顿通过对投诉电话、安全记录和税收等情况进行数据收集、分析,最终设置警察巡逻的重点地区。

无论是"互联网+"还是工业4.0,其商业格局的改变都是类似的。根据第一次工业革命、第二次工业革命、第三次工业革命带来的变革,我们可以知道未来的走向。通过对现今的分析,我们也可以得出上述的四个角度。

第八章
工业4.0的数字化信息储备

在工业4.0时代,企业的竞争是信息搜集、信息挖掘、信息融合等方面的竞争。谁掌握了核心信息,谁就能在新一轮的行业竞争中获胜。纵观苹果的崛起、谷歌的市值飞涨,我们看到了信息的力量,信息不但有价值还有质量。新一轮的竞争,拥有TB信息量不再是沾沾自喜的事,因为PB时代已经来临。

8.1 数字化信息源从何而来

由联合国教科文组织出版的《文献术语》把信息源定义为：个人为满足其信息需要而获得信息的来源。所以一切产生、生产、贮存、加工、传播信息的提供方都可以看作信息源。

按时间划分，信息源分为三类：先导信息源、即时信息源、滞后信息源，即未来的信息、现在的信息、过去的信息。既然如此，那我们如何挖掘信息呢？科技界的领导者们已经给我们做出了榜样（见图8-1）。

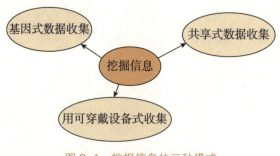

图8-1　挖掘信息的三种模式

1. 基因式数据收集

2015年5月，苹果正在执行一项新的研究，这项计划主要是采集消费者的DNA数据。当数据收集上来后，研究者将储存在在线云端。目前这项研究仅限在医疗研究中使用，例如，可以通过收集准妈妈的DNA，并研究确定早产的原因。

当然，苹果的研究不止于此。苹果正计划发布一项可以收集DNA的Research Kit组件。这项组件均在苹果实验室中进行，并对用户进行统一的基因测试。当然，有不少人认为此计划会有隐私问题，苹果又发布了关于隐私保护的基因组件。这一操作使这一项研究得到顺利进展。

对基因的测试并不一定要通过抽血来完成，可能只需要用户的少量唾液样本或头发样本。

尽管这项数据听起来很动人，但是实施起来并不容易，当然这为我们提供了一项信息收集的方法。

2. 共享式数据收集

苹果还有一款应用，它的名字为Health Kit。它被认为是一种能将苹果App Store商店大量健康相关应用组合在一起的最有效的方法。

其实App Store商店存在大量相似性的健康应用，经过细分就能归结为三个类别。其中，这三个类别中有向用户提供体重或身体质量指数（Body Mass Index）图表或趋势的应用，有让用户输入有关饮食、锻炼和其他因素数据的应用，有健康服务提供商的应用，此类应用允许用户将健康数据明确地发送给医生、医院或医疗保健机构。

而Health Kit则可以把这些系统连接起中，例如自动转换不同系统中的计量单位。此外，Health Kit取样更多、更全面，通过对超过60种不同的数据类型，如血糖水平、身高、体重、血型、出生日期等。这些数据会被分成永久数据类型，如出生日期，以及需要不断取样的数据类型，如体重等。

Health Kit通过iPhone内置的蓝牙心率监控仪、步幅追踪系统、穿戴传感器组合产品等完成对用户健康状况的采集。

与基因式搜集数据一样，这也是隐私泄露高发领域。苹果自有自己的对策，苹果通过严格的审核制度来完成数据分享。如苹果公司可以让用户明确选择某应用与Health分享的数据类型。但是，苹果还为阅读和编写数据"开绿灯"。这意味着你可以选择让一款应用将数据发送给Health应用，但又不会看到你不想看到的其他数据类型。苹果甚至会对第三方应用的特定数据标注明确的"阅读或编写"状态，这样一来，如果你不希望开发者知道哪些信息，他们就无法知道。

为了完成这一庞大的工程，苹果选择与医疗服务机构建立了合作，如Mayo Clinic机构和Epic Systems机构。Epic Systems在美国所有医疗档案中就市场份额达到了51%，同时它也是最大的EHR数据库之一。

这种模式使患者与健康服务提供商分享医疗档案和数据积极性得到了提高。目前全球的健康数据都呈现出碎片化趋势，如果苹果通过基因式采集和分享式采集得以实现，那又会是一次人类文明的进步。

在美国，有7.5万人参加了苹果公司的健康研究测试，这个测试其实很简单，只需要使用iPhone的应用程序，每天使用应用程序提交数据就可以了。

Jody Kearns就是其中一位。她是一名帕金森患者。她每天都会经历三次系列数据收集，包括她的说话，运动等。尽管帕金森无法被治愈，但是可以减缓恶化的进行。当然，研究还处于初级阶段，但是这种通过电子元件反馈的数据，往往比医生的诊断更可靠。

与之类似的公司还有谷歌，谷歌通过了一个健康手环专门用于医学研究，并通过Android手机应用程序来收集数据。

3. 可穿戴设备式收集

苹果在全球拥有7000万用户，如此庞大的用户群，要完成一项小的测试会很容易。目前苹果开发出心脏病、糖尿病和乳腺癌等测试型的APP，当然还有更多的APP在开发中。

对于问卷调查、临床调查而言，智能手机App可以完成大批量、跨国家、跨环境的廉价调查。传统调查时，参与者的数量会受到限制，时间也会被大量浪费。因为需要参与者聚集到研究中心并进行漫长的等待。而智能手机APP可以精准、高效地收集到这些数据，如对帕金森的一个测试中，要求参与者用手指在触摸屏上输入特定的序列，医生可以观察病人的这些数据来为他们的手指灵活程度打分。

对于参与者来说，也会从中获得好处。有一位患有哮喘的女士,她用智能APP记录着自己的一天的状况,最终将这些信息反馈给智能APP。如果她的朋友或家人有类似疾病,这将会是一个很好的参考。

这类测试能探索出疾病如何发展,患者应该如何应对压力以及锻炼或标准治疗方案等。斯坦福大学的麦康奈尔说:"通过建立数据记录,在未来,研究者可以直接从参与者的医院记录中提取数据。"

其实数据的收集方法有很多,包括许多传统的数据,如果能通过大量的数据源进行收集信息,那么这一信息源将是最全面、最准确的。

8.2 如何评测信息的质量

如果我们做了大量工作收集到海量数据，最终发现数据误差很大，那么这是一件多么令人伤心的事啊！在此之前，我们先讲解一下"误差"的方式。误差的定义为测量值与真实值之间的差异。绝对误差可表示为：$\triangle = X - L$。（式中：$\triangle$代表绝对误差，X代表测量值，L代表真实值）那我们搜集到的大数据到底误差是多少呢？

毕业于斯坦福大学的著名数据仓库和商务智能领域的权威专家Ralph Kimball说："我们用了超过20年的时间将数据放入数据库，如今是该将它们拿出来的时候了。"

现在目前社会是什么现状呢，包括谷歌、苹果、亚马逊在内的互联网公司将大数据收集之后，就束之高阁。有些公司做得稍好一些，不过因为选择错误的分析方法，进而导致了比较大的误差。数据来源的不同，往往会导致与结论相反的结果。

美国曾经有家权威的杂志社《文学摘要》，它总会对参加竞选的总统做预测。杂志社通过大规模地模拟选举，他们以电话簿上的地址和俱乐部成员名单上的地址发出1000万封信，收到回信200

万封,在调查史上,样本容量这么大是少见的。

杂志社花费了大量的人力和物力,他们相信自己的调查统计结果,即兰登将以57%对43%的比例获胜,并大力进行宣传。最后选举结果却是罗斯福以62%对38%的巨大优势获胜,连任总统。这个调查使《文学摘要》杂志社威信扫地,不久只得关门停刊。这就是因为数据采集偏差造成了大量误差。

第一,样本不具有代表性,当时美国有私人电话和参加俱乐部的家庭都是比较富裕的家庭,1929~1933年的世界经济危机,使美国经济遭到打击,"罗斯福新政"动用行政手段干预经济,损害了部分富人的利益,"喝了富人的血",但广大的美国人民从中得到了好处,所以,从富人中抽取的样本严重偏离了总体。第二,样本容量相对过小,也是导致估计出现偏差的重要原因,因为样本容量越大,估计才能越准确,发出的信不少,但回收率太低。

对于我们要搜集的大数据,如果没有对搜集到的数据质量进行评估,而直接利用软件进行各种计算的话,那么所产生的结论则必然受到数据质量的影响,甚至可能产生毫无意义的垃圾。所以为了保证分析结果的正确性,必须对数据进行筛选,经过一系列的处理之后,再进行分析。

1. 数据清洗

数据质量(Data Quality)是数据分析结论有效性和准确性的基础,通过处理缺失数据、去除重复数据、去除噪声数据、处理异常(但真实)的数据,从而保证数据的完整性、唯一性、一致性、精确性、及时性等数据质量。

为了保证这一基础的上述特性，我们需要对收集到的大数据进行清洗（Data Cleansing），以过滤出垃圾数据，这是数据进入数据仓库前必做的环节，当然也可以根据自身情况把清洗过程放在进入数据仓库之后。

有些互联网公司拥有独特的数据清洗流程，在进入仓库后清洗变得更加有效。只要数据清洗发生在数据分析之前，那么我们就有机会得到"纯正"的元数据。

大数据时代具有4V（Volnme，Variety，Velocity，Value）特点。

在大数据时代，我们通过数据仓库和智能搜集系统相结合，进而实现数据集成、数据分析和数据展示。那么在进行这一切操作时，我们需要知道大数据时代的四个特点（见图8-2）。

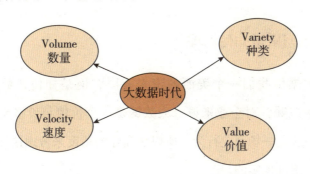

图8-2 大数据时代四个特点

关于Volume（数量）：从20世纪80年代到2015年，数据的搜集总量已经呈现几何级数的增长（见图8-3）。

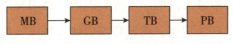

图8-3 大数据时代数据的变化

具体的换算关系如下：1PB=1024TB，1TB=1024GB，1GB=1024MB。

关于Variety（种类）：数据类型有原始类型、多元组、记录单元、代数数据类型、抽象数据类型、参考类型以及函数类型等。

关于Velocity（速度）：大数据时代遵守秒级定律，即一秒钟必须给出结果。如果时间过长，就失去了价值。这个速度要求是大数据处理技术和传统的数据挖掘技术最大的区别。

关于Value（价值）：数据价值密度相对较低，或者说是浪里淘沙却又弥足珍贵。随着互联网以及物联网的广泛应用，信息感知无处不在，信息海量但价值密度较低，如何结合业务逻辑并通过强大的机器算法来挖掘数据价值，是大数据时代最需要解决的问题。

2. 数据质量如何治理

大数据给我们一个美丽的未来蓝图，但是如何在数据质量上进行卡位呢？对企业来说，大数据是一个价值与价格交易的过程，也即这是一场商业行为。所以从商业的角度来考虑这件事才是合理的、接近现实的。

对于大公司而言，要完成大数据治理必须打造一套完整的数据治理体系，并把它当作核心资产来运作，进而从数据中获取商业价值。阿里巴巴市值支撑的一个关键因素就是阿里巴巴拥有数亿用户的个人信息、行为记录，腾讯帝国依然是其庞大的用户数据，苹果、谷歌这类公司也是如此。因为当拥有过亿的数据后，只需要对

第八章
工业4.0的数字化信息储备

一些项目完成1%的有效转化，就足以拥有巨大的变现潜力。

在数据治理方面，主要有三点。一是，海量数据收集和存储技术，二是，强大的计算机集群和分布式计算技术，三是，数据分析和数据挖掘算法。

在治理的时候，数据监控不可避免地成为又一个主角。通过数据监控把数据质量问题控制在数据产生处。由于数据是动态的呈现，那么监控的过程也必须是动态的。当然这对企业来说，这是一个巨大的挑战。动态数据加大了数据采集的时间和复杂度。对于移动互联网时代的用户来说，响应时效和性能决定用户体验。当数据质量与用户体验相冲突的时候，应该优先保证用户体验。

对数据质量实时监控来说，在选择路径上有两个极端。一是选择数据安全级别要求较高（大影响、高风险）的方式来尝试，这与在商业中心做试点一样。成本高，风险高，当然一旦成功了，效益也会高。谷歌的Google X实验室就属于这个范围。

二是选择数据安全级别要求较小（小影响、小风险）的方式来尝试，这与在穷困地区做试点一样。即使做失败了，也只是很小的一个损失。当然要想真正实现大数据时代的数据清洗、数据治理、数据监控等，还需要从战略上、技术上、思想上进行再布局、再融合。

8.3 如何进行数据化营销

当我们需要购买手机时,许多人已经习惯通过网络平台来实现。当我们购买过后,再次登录平台,会发现许多"热门商品推荐"。我们发现,这一推荐是根据上一次购买行为做出的推销方案。显然如果你购买了一部手机后,第二天出现许多手机推荐,你会觉得很无聊。因为手机已经买过了,不能砸坏了再买一个吧。这其实是根据客户的浏览或搜索记录,做出的营销,是大数据营销最低端的方法。

于是这些网站做了优化,你购买了手机,于是给你推送手机壳之类的配件广告;你购买了牛肉干,给你推荐牙签、牙线,或者山楂片等有助于消化的广告;你购买了一台冰箱,于是就给你推荐保鲜盒等,这一数据营销优化,让产品销量提升,客户也慢慢接受了。

麦肯锡曾专门对中小企业展开了一项调查研究,研究人员发现中小企业的数量占据所有企业的80%以上,而且所创造的GDP之和也非常巨大。由于中小企业的规模小,虽然发展速度很快,但是资源较少,所以可以承受的营销成本有限。

第八章
工业4.0的数字化信息储备

这一难题同时也是一个巨大的市场，与在电视上投放巨额广告、举办大型活动相比，显然精准聚焦性、效果可衡量性都更高的数字营销更适合中小企业。

谷歌在全球拥有足够的影响力，绝对是一家大公司。然而谷歌更关注中小企业，谷歌在很多地区的第一位客户往往是中小企业，如谷歌在泰国的第一位客户是做西服定制生意的小企业，在新加坡的第一位客户是做学生信息平台的小企业等。小企业规模小，但是小企业群体庞大，在未来的发展潜力不可限量。

中国有超过4000万注册的企业，而具备互联网营销能力的不足5%，能进行大数据营销的企业不足1‰。显然这一数据对谷歌来说，不好也不坏。因为这一市场很大，并没有被其他对手所占据，当然这是一个不成熟的市场。

谷歌在中国市场上，只需要有足够的耐心等待那一时刻的来临即可。当然谷歌并不会等待市场的到来，而是通过创造需求来引导市场。谷歌通过自己的技术研发能力，得到流量的来源和去处，这使得谷歌可以做出容易让客户操作又十分高效的产品。

工业4.0时代，一切皆可数据化，于是演变出新的营销方式——数据化营销。因为大量数据产生的数据流使得营销过程中的目标更加明确、轨迹易追踪、过程可衡量、结果可优化，从而实现以数据为核心的营销闭环，即消费——数据——营销——效果——消费（见图8-4）。

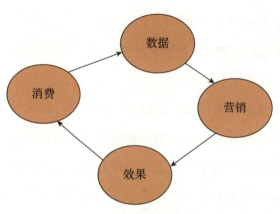

图 8-4 营销闭环

大数据营销的价值可以从两个方面进行分析。一是隐性资产数字价值，二是显性效果价值。对于传统行业、隐性资源价值，一般都归结为品牌知名度、美誉度，而在大数据时代，则附加了品牌与用户共创的数字生态价值，这一价值促进了商品的销售。

当企业以提升隐性资产数字价值为品牌运营核心时，就需要建立深度的数据体系。由于数据是海量的，而运营成本是有限的，就不得不以获取高质量的数据为出发点。大数据营销让我们看到社交网络的变现能力。社交平台可以为企业提供大量的精准数据，企业可以根据获得的数据去理解用户的喜好，进而推出让用户喜爱的产品。目前腾讯QQ的市值居高不下，其掌握的社交大数据无人匹敌。此外社交平台还有大量的粉丝存在，在粉丝经济时代，微博大V仅通过偶尔发个商业广告就能获得上百万的收入。

在广告流程方面，以前采取的都是粗犷式布局，遍地广告往往带不来太多的收益，因为许多人根本就不是企业的用户群。而大数据时代，为其提供了一种可能。根据大数据分析，可以为广告商

第八章
工业4.0的数字化信息储备

定制单向的人群广告投放。帮助广告主找出目标受众，然后对广告投放的内容、时间、形式等进行预判与调配，并完成广告投放的整个营销过程。这就是一项新的广告流程。通过这一过程企业投放广告也可以程式化、精准化。

对于大数据营销的结果，不能仅通过数量上的考核，因为有许多数据无法体现出来的元素。通过对大数据的规模、速度、挖掘及预测，我们可以得到一个可交互的结构与非结构化数据，这一数据就是最终的营销结果。

在数据营销时，如果能做到大规模个性化互动，就能实现高效转化，因为这使方式可以为用户提供一个深入接触的机会。传统广告，一般都是广告做出后，坐等客户上门。而在互联网时代，这一切都发生了变化，用户需要个性化的服务，如用户需要定制汽车的颜色、款式等。每个用户都有自己独特的需要，而平台只有一个。为了解决这一难题，必须对用户进行大数据的管理及个性化的定制。

如此多的个性化需求，需要我们建立一个精准、有效的数据建模。大数据时代，数据获取变得很容易，数据分析工具也可以实现智能化。但是为了精准营销，就需要一个针对自己企业、自己客户的数据模型。通过模型，企业可以自己挖掘数据资源，进而应用到商业上。

8.4 亚马逊未下单，先发货

亚马逊于2014年初申请了一项专利——"预测性物流"。这一专利使亚马逊比用户更了解自己，因为在客户还没有下单的时候，商品就已经出货了。

亚马逊通过海量用户数据去预判用户接下来的购买行为，当预测到某一用户将要购买商品时，就将货发往托运中心。当客户开始下单时，只需要从托运中心运到用户家里即可，这样极大地缩短了客户的等待时间（见图8-4、图8-5）。

原始方案一：

图8-4　传统流程

预测方案二：

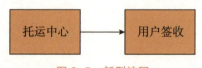

图8-5　新型流程

如果客户与发货仓库是同城，这一优势不明显。如果客户在

第八章
工业4.0的数字化信息储备

上海下单，而发货仓库为北京，那么这一优势就十分显然了，因为客户下单的时候，货物就已经在上海托运中心了，这样客户下单其实变成了同城下单。

这一模式的改变也是不得已而为之，当美国的盛大节日圣诞节来临之前，没有用户希望在节日过后收到礼物。为了让用户满意，亚马逊在美国建了100多个仓储中心，还打算用无人机送快递。

尽管这项预测性发货存在类似预测错误等问题，但是这并不阻碍亚马逊的脚步，因为亚马逊可以采取一系列方法使其预测错误率降低。通过促销策略等手法，使这些预测性的用户加速购买商品。

这一技术使其与其他电子商务平台拉开了距离，这也是行业的一大趋势。科技和消费企业都在通过种种方式提前预测消费者的需求。如今的智能冰箱已经可以预测何时需要购买更多牛奶，智能电视也能预测哪些节目需要进行录制，而Google Now软件则试图预测用户的日常规划。

亚马逊希望通过其积累的庞大用户数据，以此获取竞争优势。美国市场研究公司Forrester Research分析师苏查里塔·穆尔普鲁（Sucharita Mulpuru）说"亚马逊可以通过对用户的深入了解，便可依据多种因素来预测需求。"

在亚马逊提供的专利文件中中，亚马逊填写好大概地址或邮政编码，以便将商品运送到接近用户的地方，之后在运输途中将这些信息填写完整。

亚马逊的管理层认为，对于畅销书和其他一些可能会在上市时吸引大量买家的商品而言，预测性送货方式可能比较合适。另外，亚马逊也可能向用户推荐正在运输途中的商品，以便提升成功率。

当然，这一预测还是有一定的错误存在，这使得退货成本大大提高。为了使这一成本降到最低，该公司可能考虑给用户一定的折扣，或是将预测不成功的已发货商品作为礼物赠送给用户。亚马逊管理层说，如果预测发生错误，亚马逊可以将这些包裹作为促销礼品，以此提升公司美誉度。

亚马逊实施这一举措的根本原因是其已经具备了云服务的能力，并乐于为用户做一些改变。

亚马逊有一支提供云服务的团队，为许多公司提供技术支持，如提供一些储存、计算、数据库和网络化等为主的基础设施服务，以分析、应用程序、部署管理和移动服务等为主的平台服务和相关软件服务，从这个角度来说，亚马逊就像一家网罗一切的IT服务商店。

根据亚马逊公布的财务报表，云计算服务的业务增长由第一季度的49%提升到了第二季度的81%。亚马逊CFO奥萨维斯基说："亚马逊云计算的增长率已高于收入的增长率，是其利润增长的最大引擎。"

自2015年以来，亚马逊将云计算作为战略来实施。亚马逊将主营业务分为北美分部、国际分部和AWS分部进行独立核算，其中AWS（Amazon Web Services）业务，是亚马逊云计算业务，已经

第八章
工业4.0的数字化信息储备

与其他两项处于平起平坐的地位。

AWS是2006年推出的,这一项业务使亚马逊举世瞩目的云计算服务提供商,提供客户总数超过100万,分布于190个国家和地区,服务器达200万台,2015年上半年其营收就达到33.9亿美元,占比7%,这也是亚马逊增速最快的业务。

AWS服务深得互联网厂商的依赖,美国最大图片社交网站Pinterest、在线流媒体视频提供商奈飞(Netflix)和短租鼻祖Airbnb都在使用亚马逊的这一服务。奈飞(Netflix)将全部业务都放在了AWS架构上,从软件开发到存储,以此基础进行了奈飞平台(Netflix Platform)的开发,并将之完全开源。值得一提的是,奈飞以逾90%的涨幅拿下了2015年上半年标普500成分股涨幅榜状元。

亚马逊云计算业务已扩张到了全球11个区域市场,下一步将在印度新增加云计算服务中心。据市场研究与分析机构Gartner统计显示,AWS全球市场份额高达28%,其使用中的计算能力是后14家供应商总和的5倍,龙头地位稳固。

亚马逊的表现让市场对云计算的未来非常振奋。按照二季度AWS业务的进展,安信证券预计,全年AWS营业收入很可能达到70亿~90亿美元。

在核心业务外,亚马逊AWS加快创新步伐,已发布超过1170种新功能或应用,除2011年和2012年外,每年增长速率超过70%,创新能力远超于同类型竞争公司。

亚马逊已在这项新业务中取得了成功。自2010年以来,亚马逊每年以接近30%的速度增长。据市场研究公司Market Research Media发表报告预测，从2015年至2020年，全球云计算市场年均复合增长率将为30%，2020年时市场规模将达到2700亿美元。作为云计算领域的先行者，已尝到甜头的亚马逊未来还将继续在云计算盛宴中分得一杯羹。

亚马逊市值于2015年7月超过2600亿美元，半年增长幅度达到72.76%，在美国上市公司榜上，超越沃尔玛，成功登顶全球零售业王者宝座。这成为一个标志性事件，亦引发全球热议。华尔街认为，这不仅是亚马逊对沃尔玛的胜利，更是互联网新兴业态挑战传统业态取得的胜利。

与亚马逊相比，沃尔玛这位曾经的传统零售业领先者，也有自己辉煌的经历。沃尔玛将小型商家贩售商品聚集到更大的店面集中销售，开创了一站式购物的消费模式，成功解决了过去零散消费的阵痛，沃尔玛的创新受到了二级市场追捧，市值水涨船高，并逐渐成为全球零售企业标杆。

当其扩张到一定规模后，过去的优势诸如配送中心、大型店铺带来的成本越来越高，营收开始明显受到拖累，进而导致增长出现停滞；伴随互联网的兴起，消费习惯逐渐转移至线上，更是对沃尔玛这种传统模式受益者构成了直接的冲击。

亚马逊恰是互联网时代的弄潮儿。从最初在网上卖书撬开一个市场缺口，到现在，你可以在亚马逊上买到生活中大多数想买的商品。这种线上销售的创新方式，传统小型零售企业是无法与之抗衡的，连沃尔玛等这样的零售巨头现在也受到了严重威胁。

第八章 工业4.0的数字化信息储备

目前，亚马逊还是一个以出售图书和电子产品为主的网站，服装的销售仅占其总销售的一小部分。这意味着公司在服装上还有很大的发展空间。

亚马逊深谙其道，一直在大量投资时尚业。在过去几年，亚马逊收购了时尚零售网站Shopbop，并推出了服装折扣网站Myhabit以及男装网站East Dane。此外，该公司还赞助了今年的纽约男装周。

据金融公司Cowen and Company预测，亚马逊将于2017年超越梅西百货，成为全美第一大服装零售商；服装将成为亚马逊零售板块的领先增长品类。

不过，这还不是故事的全部。尽管市场仍以亚马逊初创期的业态为准，将其归于零售类企业，然而这家由网上书城成长起来的企业早已不是一家纯粹的零售商，而更像一家科技公司。

亚马逊创始人兼CEO杰夫·贝佐斯，这个来自华尔街的男人（曾任对冲基金D.E. Shaw的副总），野心远不止于此，比沃尔玛更值钱或许只是亚马逊成长路上的一个里程碑。

贝佐斯在评论最新一季财报时表示，"我们推出了亚马逊商务，推出Prime免费当天送达服务（Prime服务计划是一项方便注册会员购物的增值计划，实行年费制，在这一年的服务有效期内，在亚马逊购物不限金额、重量提供免费的2日达送货服务），并在第九座城市推出了Prime Now。Prime Day庆祝日销售额打破了我们的'黑色星期五'（美国圣诞大采购日）销售纪录。"

贝佐斯同时表示，亚马逊原创剧《Transparent》收到了11项艾美奖提名，并首次推出了6档新的儿童节目。面向大众市场发布了室内语音控制系统Echo，推出了Alexa Skills Kit和Alexa Voice Service，针对第三方卖家开启了FBA Small and Light服务。

此外，亚马逊持续加速布局新兴市场——印度市场，推出了350多项特色AWS云服务，推介了AWS Educate，并开始介入风电新能源市场。这一举措足以确保在2016年使用40%的可再生能源目标。如果亚马逊继续保持增长步伐，不断寻找新业务，其下一个超越对象又将是谁呢？

8.5 倒下的霸主：柯达死亡日记

自2012年申请破产保护后，柯达几乎彻底毁灭，这个成立于135年前的企业经历了它的诞生、发展、辉煌、破败的过程。

1880年伊士曼在纽约创立伊士曼干版制造公司，并于1892年更名为"伊士曼·柯达"公司。1975年世界上第一款数码相机在柯达诞生，并在第二年占据美国相机市场85%的占有率、胶卷市场90%占有率，从而垄断了美国胶卷、相机市场。柯达的高速发展之路由此展开，至1997年，其市值达到310亿美元。不过好景不长，柯达在2004年全世界裁员20%，并关闭了数家工厂。2012年，柯达股价跌至1美元，同年提出破产保护申请。

对于柯达，我们需要从更小的视角去切入柯达的世界。

1. 疯狂的柯达背后

1935年，柯达研究出全球第一款彩色胶片柯达克罗姆（kodakchrome）胶片，并于同年开始上市，在此后的超过半个世纪的时间里，这一研究让柯达赚得盆满钵满。

在此后的一段时间里，柯达最高时曾占据全球2/3的摄影产业市场份额，全球范围内拥有14.5万名员工。已80多岁高龄的柯达退休员工鲍尔·吉尔曼说："我们那一代把进入柯达当作梦想，哪怕仅仅是给柯达擦地板，都会让人羡慕。"

当时柯达的技术十分先进，仅在1990年之后的10年间就获得了近2万项专利。这在当时足以将竞争对手拒之门外。在2002年，柯达的全球营业额上升到128亿美元。尽管如此，柯达的胶卷强项被智能手机所取代，因为全球格局已经发生变动。

在2000年的时候，数码摄影进入高速发展的轨道，在这里已经没有了胶片的位置。尽管在2003年末，柯达提出"全力进军数码领域"的战略，并在后来推出6款相机，但还是来晚了。因为市场早已被日本的佳能、尼康、索尼、松下等其他专业数码厂商占据，并在质量上、价格上都比柯达有优势，于是有了2012年柯达宣布破产保护的一幕。

尽管柯达后来解除破产保护，并在2014年宣布意欲进军智能手机、可穿戴设备领域，但是柯达想翻身已经不可能，因为柯达太弱小了，对手是他的上百倍。当然柯达还是有机会做个称职的跟跑者，并有可能陆续实现"弯道超车"。

柯达这一局是败了，败在大趋势方面。一个不顺应未来的企业只能被未来所抛弃。诺基亚也是这样的一个例子。

2. 被迫转型的诺基亚

诺基亚曾是全球最大的手机生产厂商，销售最好时销量额占据全球手机市场份额超过50%。由于诺基亚跟不上智能手机

第八章
工业4.0的数字化信息储备

的步伐，最终被淘汰出局。2013年，微软以72亿美元收购诺基亚手机业务。在此之前，诺基亚销量额已经出现连续几年的大幅度下滑。

当然与柯达相比，诺基亚有更强大的实力让其扭转这一困局。诺基亚从手机市场撤出后转向网络业务。网络业务方面前两名是爱立信和华为，前者在2014年收益251亿美元，后者约为236亿美元。诺基亚收购阿尔卡特朗讯之后，形成了三足鼎立之势。

2015年诺基亚好事连连。4月时，诺基亚以166亿美元收购法国工业巨头、通信巨头阿尔卡特朗讯全面进军网络业务。诺基亚在第二季度营收增长了6%，收入27.3亿欧元，其中85%营收来自网络业务。在2015年诺基亚为了专心网络业务，把旗下的相关度低的业务进行变现。

不仅如此，为了更专注于网络业务诺基亚同时还计划出售自己旗下的地图业务，此前根据彭博社和《华尔街日报》引知情人士消息称，由德国汽车厂商组成的收购团队已经同意以25亿欧元（约合人民币170亿元）的价格收购诺基亚的数字地图。

诺基亚在网络业务方面做得也风生水起，诺基亚近期发布了一款虚拟现实摄像头Ozo，该设备能够360°捕捉音频和视频。诺基亚计划把这款设备打造成好莱坞、传媒和广告行业拍摄虚拟现实体验的基础设备。

纵观柯达的没落、诺基亚的转型，我们发现了许多企业的影子，如爱立信、惠普、NEC等，它们曾是时代的弄潮儿、行业的巨头，但是在潮流面前不得不倒闭或转型。那这些企业有什么共通点呢？他们是趋势的后知后觉者。

以下这些方面就是未来的大趋势，是由麦肯锡研究所给出的预测。

基因组学：对生命的研究一直是一项重大课题。如果企业能研究出不同基因决定了不同疾病的办法，那么将在医疗领域成为领军人物。因为这一研究可以预防人们的疾病，进而延长人类的生命。

高级材料学：特斯拉轿车的研究已经给出了这个理论。通过电池系统为超级轿车提供能量。目前在谷歌眼镜中，也有类似的材料应用。企业在研究的过程中，从不同的纳米材料之中寻找最佳的那一种。这听起来与爱迪生试验灯丝很相像，都是大量的试验、大量的组合与重新假设。

无人驾驶汽车：这一项技术已经在实现之中，谷歌在试验，日本、德国、中国也都在试验中。这一革命将改变数百年的有人驾驶的局面，不可不说这会是一次壮举。

可再生能源：世界可利用的能源越来越多，地球的温度升高，也让我们感觉到地球也在变得越来越没有耐心。如果人类还在使用大量的现有能源，那就不可避免地继续引起全球变暖。可再生能源则可解决这一问题，人类通过收集太阳能等类似的自然能量，然后再返还给自然。

机器人技术和3D打印：这两项技术美国、德国、日本已经走在世界的前列。在智能工厂里这些会被得到最大限度的利用，进而取代人力。

第八章
工业4.0的数字化信息储备

移动互联网：2040年的时候，中国12岁以上的人群中不会使用智能手机的人群不会超过5%。根据推测的2040年中国人口呈现零增长，人数约15亿人。中国在移动互联网上的用户会接近12亿用户，人们对移动互联网的依赖还会进一步加大。

8.6 数据狂潮：IBM提供的数据流

2014年10月，IBM峰会在美国拉斯维加斯举行。在峰会上，IBM发布了三款云数据服务，分别为Data Works、dashDB和Cloudant。

这三项服务构成了基于面向云计算、大数据分析的工具链，并涵盖企业大数据分析的数据准备、实时分析以及分享使用三大环节。

数据的价值十分巨大。据调研机构Nucleus Research发布的报告，目前当企业每投入1美元到数据分析领域，将创造出13美元的价值。即企业要想在竞争中取得优势，数据分析技术会是一个很好的帮手。

我们从诺基亚退出手机业务就能看出，有时不是企业不具备信息搜集能力，而是没有分析整合的能力。正如IBM大数据业务经理Beth Smith所说，"大数据的价值在于应用，如果不会使用大数据，全世界的数据对你来说都是没有意义的。"

在数据使用之前，首先需要做的是数据筛选，这在前文就已经有了详细的说明，在此不再细说。当然，这是IBM的数据分析的基础，IBM所推出云数据库服务必须先让企业拥有筛选和管理大数据的能力。Data Works、dashDB和Cloudant都是建立在上述基础上的服务，但是实施的侧重点各不相同（见图8-6）。

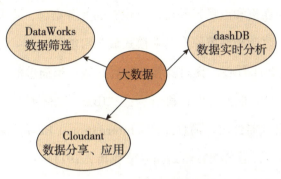

图8-6 大数据实施步骤

关于Data Works：这项云服务的任务就是完成数据筛选和准备。这项服务能够让企业熟练地整理、筛选原始的数据，为后续的数据分析打下基础。

关于dashDB：这项云服务的任务就是完成动态实时分析。这项服务对数据库的容量、处理速度要求很高。对于使用"内存数据库"技术来说，这已不算什么难事。"内存数据库"技术大大提高了数据读取速度、数据分析速度，以满足企业对实时数据提取、分析的需要。

关于Cloudant：这项云服务的任务就是完成数据分享和应用。这一项服务思维很超前，提出"数据库即服务（Database-as-a-service）"的概念。这一服务使得企业可以在其私有云部署数据分享服务，让企业员工和合作伙伴借助各类设备更轻松地访问到企业数据。

IBM通过这三项云服务实现了从数据准备到实时分析、再到数据分享和使用的过程，进而实现大数据采集、分析、分享的闭环。另外这一闭环具有很强的连贯性，从而使企业在分析和使用大数据时更加连贯和流畅，并得以与现有的业务结合，让大数据优化企业运营、改造和颠覆原有商业模式成为可能。

IBM有如此野心，我们就有必要对其做一个简单的介绍，从而全面认识IBM。根据百度百科显示："IBM（国际商业机器公司）或万国商业机器公司，简称IBM（International Business Machines Corporation），总公司在纽约州阿蒙克市，1911年托马斯·沃森创立于美国，是全球最大的信息技术和业务解决方案公司，拥有全球雇员30多万人，业务遍及160多个国家和地区。"2015年8月公司总市值1600亿美元（约994亿元人民币）。

1. IBM布局大数据分析

IBM近来财报不佳，经历了连续10个季度的营收下降。这促使IBM加速向大数据、云端化、工业4.0等新科技方向转型，IBM果断处理一些非核心业务，以在新技术领域集中精力、财力。

IBM转型不能仅靠卖业务和投入，还需要大量并购。根据IBM提供的数据，其已经在大数据技术分析领域投入240亿美元（约1488亿元人民币）。

事实上，以"抓住这一刻"为主题的Insight峰会处处充满了"了解、洞察、觉醒、优化、变革、改造、颠覆"等关键词。与其说Insight是一次技术峰会，更不如说是IBM的一次"大数据分析布道会"。

不久之前，IBM给出的第三季度财报表现不佳，营收和利润同比双双下滑。值得注意的是，IBM已经经历了连续10个季度的营收下降。与不好看的数字相对应的是IBM积极转型的决心：IBM接连卖掉非核心业务，加速向云、大数据等新兴领域转型。

与卖业务相对应，IBM它收购了超过30家高科技公司。

2. IBM "洞察经济" 战略

大数据分析如果只局限在企业层面，则很难看懂行业及国家经济动态。真正的大数据必须依托国家宏观经济，因为这是企业存在的外部环境根基。根据实时分析技术将催生一个洞察经济时代的来临。

洞察国家经济之后，就必须在企业落地。随着技术的革新，越来越多的应用数据将会被运用到企业之中，并大大增进企业对其业务、趋势、消费者、行业等方面的了解和洞察，从而应用这些洞察力优化企业运营，甚至改造企业原有的商业模式。

在美国华尔街有一家名为"德温特资本市场"的投行。这家投行通过对全球3.4亿微博账户留言，判断民众的情绪后，决定公司股票的买入或者卖出。今年第一季度便获得了7%的收益率，令诸多老牌投行大跌眼镜。海量的微博留言如果不经过加工就是垃圾，而对它们进行分析整理，把价值真正挖掘出来，成了"德温特"的成功之道。

而忽视数据及其应用，诺基亚已经将"恶果"呈现在世人面前。10年前，诺基亚是手机市场的霸主，然而其固守功能手机市场，忽视向数据业务和智能化的转型，终于日渐式微。现在，人们不再以拥有诺基亚手机为荣，其市值也落到只有2007年的1/10，相反,注重软件和硬件的苹果却异军突起。

放眼整个全球IT市场,被"大数据"打败的巨头何止诺基亚。爱立信、惠普、NEC等这些响当当的名字曾经都荣耀于硬件制造,却毁于面对"大数据"的迟钝。所幸有些企业已经痛定思痛,例如爱立信在放弃终端的同时,转向移动宽带、管理服务及网络外包服务等,如今已经成为全球第五大软件公司。

所以在"洞察经济"当中,将其定位为技术提供者、赋予能力者和顾问者的角色显得越来越重要。借助技术的发展,在不远的将来,企业中能使用大数据分析的不仅仅是IT或者数据科学家,而应该是企业中的每一个人。

在工具层面,Data Works、dashDB和Cloudant数据服务仅仅是一个开始,而基于Watson人工智能技术构建的Watson Analysis将在技术普及方面走得更远。目前,Watson Analysis已经支持机器学习、自然语言交互和智能分析建议。并且,Watson Analysis将会有免费的基础版本供所有大众使用。

综上,"布道大数据"行为本身是"水面"上的行动,而在水面之下,则是IBM这个业界巨头的庞大转型。无论在理论层面、还是在实践层面,大数据分析是这次转型的重要方向之一。

冰山思维中指出,冰山露出水面的永远是一小部分,而大部分都在水下。IBM的行动体现在表面上,而真正的大规模转型依然需要在水面下进行,因为这样符合理论和经验。无论IBM的业务变革如何,对于这个拥有百年历史的企业来说,数据变革基因已经存在,具体的就需要看执行力和机遇了。

第九章
变革路上的拦路虎

对世界来说,变革是美好的,因为变革使生产力获得了提升。但是对于有些企业巨头来说,这是一场灾难。因为变革可以让其从世界第一的位置被拉下马,成为跟随者、淘汰者。微软就是其中一位,苹果、谷歌的市值已经把微软从第一阵营中排除在外。在这一章,我们会告诉你变革的真相。

9.1 历史的轮回会告诉你变革的真相

对于将来的社会发展趋势,有时我们看不清楚,但是这并不妨碍我们通过在历史变革中找到线索。

日本国家土地总面积37.78万平方千米。总人口约1.27亿。在2014年全球排名GDP前三的国家为美国(17.4万亿美元)、中国(10.4万亿美元)、日本(4.8万亿美元)。如果按人均GDP计算,美国54644美元、日本36285美元、中国7485美元(2014年数据)。

如果按国土面积计划,日本每平方千米产生的GDP会是美国、中国的数十倍。这一数据表明,日本是经济大国、发达国家。

那我们来看一下,日本是怎样通过变革取得今天的成就的。

1864年,日本开展"明治维新"变革。当时政府为了使国家富强,采取了一系列的计划。其主要内容如图9-1所示。

第一,引进高新技术。政府把发达国家的专家学者请到日本来,使其在为日本工厂提供技术、为大学教育提供新的思想,以此快速使西方文明复制到日本。在当时新政府刚刚成立的情况下,用了3年时间引入超过500位人才,有专家、学者、教师、工程师、医生、熟练技术工。这对当时新政府来说,是一笔巨大的开支,但

第九章 变革路上的拦路虎

是日本坚持了下来。当时日本首相的工资为800日元，而许多东京大学外籍教授的工资都比首相高。

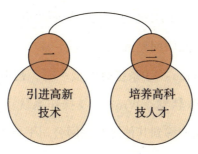

图 9-1 "明治维新"变革的主要内容

第二，培养高科技人才。日本大量派遣留学生到西方各国留学，学习西方先进的技术和思想，最终将学到的技术和思想应用到日本。

短短几年就派遣600名留学生，而当时中国仅有十几位，即是中国的30多倍。日本政府组织了考察团，最长的一次历时3年，平均年龄30岁，其中最小的仅21岁。先后考察了美国、英国、法国、德国、瑞士、意大利、俄罗斯、奥地利、荷兰、比利时、瑞典、丹麦。这些国家的考察都有详细的计划，他们根据国家的经济、技术的发达程度来进行行程安排，他们在美国用了205天，而在丹麦仅用了5天。这一浩大的行程，分工明确，责任到人。

一系列的政策使日本慢慢步入发达国家的队列。尽管第二次世界大战让日本经济遭受重创。但由于其有非常发达的技术基础，很快在崛起。我们观察第二次世界大战以后迅速崛起的国家，都是以技术改革为先锋，经过一系列的重组，最终使国家步入世界经济强国之列。国家要想取得长足的发展，企业同时是这样。

1975年,比尔·盖茨与保罗·艾伦创业微软公司,微软多年保持IT行业市值第一的地位。然而,进入2010年以后,微软的光芒被苹果、谷歌甚至IBM抢走。现在苹果的市值是微软的2倍还要多。微软只能居于互联网界第三的位置。

微软推出Windows XP系统曾红极一时,被业界称之为经典的操作系统。后来微软发布Windows8操作系统可客户已经不再买账,大量的用户被转移到其他的互联网公司平台上。

2010年之后,苹果的iPad平板电脑取得了巨大的成功,迅速替换大量全球的PC市场,谷歌通过并购在众多领域取得了重大的成功。随后,微软又试图背水一战,推出与Windows8操作系统相配的Surface平板电脑。由于桌面电脑用户用鼠标切换到桌面很不方便,而平板电脑用户又很难用手指点击小小的图标,这使得微软陷入被动。

对于苹果和谷歌疯狂的攻势,微软显得有些吃力。因为微软一直在IT公司,而非互联网公司,这一趋势最终使销售出身的鲍尔默最终被云计算出身的纳德拉取代。

纳德拉接任后,微软开始了新一轮变革。微软很快推出基于iPad版本的Office软件,很快为了抢占市场又实行了针对小设备用户免费使用Windows的策略。在之前的Office365软件中,用户必须付费,这一改变使微软继续保持领先地位。有一件事是很搞笑的,微软不需要再去打击盗版产品,因为微软实行免费后,有谁还会使用带有广告的盗版软件呢?

在移动互联网大潮中,微软推出一系列的举措如网络订阅、

第九章
变革路上的拦路虎

推出免费操作系统、推出针对触控设备的专用界面等,这显然是微软在迎合移动互联网大潮。移动互联网同时也是免费时代、大跨界时代,微软必须改变其以广告维持操作系统的模式。

与苹果、谷歌相比,微软现在处境不怎么好,因为微软还在卖操作系统和办公软件。竞争对手都免费了,你还收费,还不是等死就是找死?在2013年下半年的业绩报告中,谷歌92%的收入来自广告,因为其有全球最大的搜索引擎(中国的是百度),苹果86%的收入来自苹果手机等硬件,而微软70%来自操作系统和办公软件。

很显然,在移动互联网时代,这不是一个层面的竞争。即苹果与谷歌开着特斯拉汽车,而微软只是开了一辆10年前的小汽车。

这一幕,早被微软创始人比尔·盖茨预料到,他说:"终有一天,微软会跟其他曾经荣耀的企业一样,由于失去了对形势敏锐的判断,而在历史的机会中倒下。"这一颇具哲学的论断,如今已经成为了现实。只是那个倒下的是诺基亚,而不是微软。

在这次移动互联网浪潮中,对于那些对变革无动于衷的企业来说是找死的节奏,对于那些慢慢变革的企业来说,这意味着等死。因为浪潮的速度很快,一步跟不上,步步跟不上。

因此微软不希望自己错过这次重新在互联网界引领世界的机会。前面我们提到过2014年萨提亚·纳德拉(Satya Nadella)取代史蒂夫·鲍尔默(Steve Ballmer)成为微软史上又一任CEO。

那么萨提亚·纳德拉(Satya Nadella)到底做了哪些细节上的事情呢(见图9-2)?

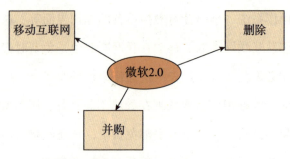

图 9-2　萨提亚·纳德拉所做的细节工作

第一，萨提亚·纳德拉提出"移动互联网为先"的口号。因为只有基于移动互联网的大场景才能使大数据、云计算落到实处，这同时也是微软的未来。

微软收购诺基亚后就进行大规模的裁员，因为这是微软，不会带有太多诺基亚的影子，萨提亚·纳德拉需要一个统一的"One Microsoft"。

第二，删除Windows Phone。Windows Phone不是微软的强项，没有太多竞争力。在萨提亚·纳德拉的规划中，Windows Phone已经不复存在。尽管有人推测Windows Phone可能与谷歌深度合作，但是前提是以谷歌为主，微软而辅。对微软来说，这样的合作与出售操作系统的模式没有什么区别，只是谷歌这个是个大客户而已。

第三，系列并购。在2015年6月底，网上盛传微软有意收购芯片厂商AMD，以增强硬件业务范围。因为微软有自己的系列的Surface平板电脑，收购高端芯片厂商当然是绝配。

尽管微软没有谷歌、苹果的市值高，但是这位曾经的IT霸主也是绝对有钱。目前微软约有953亿美元，而芯片厂商AMD的市值仅为18.1亿美元，这样的差距，会使收购变得轻而易举。当然微软的

第九章
变革路上的拦路虎

收购不会限于此，如果5年后，微软市值超过苹果、谷歌了，很有可能是微软收购到拥有巨大潜力的公司产生的溢价。

无论像国家级的日本变革，还是像行业巨头的微软变革，都离不开技术、人才的参与。要想在新一轮的竞争中获胜，必须将一些潜在的奇迹（个人或公司）归为己有、为己所用。

9.2 思维模式之争

变革意味着权利、资本的重新分配，已经取得利益一方自己不愿拱手送出自己的利益，而新势力一方自然不甘心服从，于是便起了纷争。不过纷争不止此一处，还有模式之争。世界上不存在最优模式，只存在不断改进的模式。谁的模式好，谁的模式不好，只有结果出来了才知道，所以这也难免引起争斗。

中国正处于这种状况，对于德国模式、美国模式各有利弊，到底以谁为最主要的参考呢？这个世界从不存在中立态度，中立其实是另一种形式的偏向。

2014年年底，成都举办了一次立足于德国工业4.0高端论坛。在这次论坛上，工业4.0被各界大加赞赏。德国电子与信息技术协会董事长、国际机器人及智能装备产业联盟副主席伯恩哈德·蒂斯说："工业4.0代表了第四次工业革命，就是全价值链和生命周期控制产品的管理水平。"

而德国SAP装备制造首席专家郭智麟从另一个角度诠释了工业4.0，他认为，德国工业4.0带来的将是产品智能制造的个性化、高端服务和创新性。

第九章
变革路上的拦路虎

后来参考的人越来越多，观点也越来越多，最终我们把其归结为两类：一是技术派，二是模式源。我们把相关的优劣点找出来，以供分析。

技术派认为中国应该以技术为核心，然后再开展例如模式之类的工作。目前互联网、云计算、大数据等技术已经在全球实现共享，中国应该自主掌握核心技术，以免在技术方面被别国控制。掌握核心技术应该从制造业着手，然后向信息界渗透。

我们以机器人为例，目前日本机器人在全球占主导地位。国内目前机器人还在被使用在搬运、喷漆、焊接、装配等领域，但是对于一些尖端技术，如航空业使用大的机翼铣削、磨抛机器人是需要下硬功夫才能解决的。德国工人理论基础很扎实，技术上突破力较强，这也是德国为制造业强国的原因。当然这一差距，也是我们提升的空间。

尽管大家一直说技术共享，但是在高端的控制技术领域同一国家的公司为了自身的利益考虑都不会选择共享，何况存在竞争关系的国家与国家之间呢？俄罗斯在军事上很发达，但是出售的战机一直不是最尖端的或者说是其淘汰下来的，对于核心技术俄罗斯也是不出售的。要想提高自身实力，只能靠自己。

模式派认为，中国现在处于工业2.0至工业3.0时期，直接跨入工业4.0，从技术的角度来说不现实。如果通过自己一点儿一点儿掌握核心技术，就会丧失大数据产业发展的重大机遇。我们可以通过学习国外先进的模式，借助资本，大量引进人才。中国电商目前已经走在全球前列，这就是一个很好的证明。由于世界是平等的,全球化趋势已经不可阻挡。

模式派的最大优势就是"快",通过资本干预,引进大量人才、技术,进而打入快速变化的市场。

尽管两者的思维模式不同,但是有一个相同点,就是必须走变革的道路。华为董事长任正非说:"企业若想活下去,没有捷径,唯有持续变革。"当然,变革有被动也有主动,多数情况下都是企业遇到重大问题时才真正走上变革之路。

变革有主动和被动之分,很多企业都是被动型的,即当企业遇到重大问题的时候才考虑实施变革。

华为2014年公司销售收入接近460亿美元,实现超过15%的年增长,如此庞大的数字正与华为的变革有关。与华为不同,许多企业没有弄明白为什么要变革这一基本问题。

企业每天都在不断发现问题、解决问题,对于小企业而言更是如此。然而通过回顾我们发现,企业每天所处理的问题只能说是优化,而非变革。企业变革的参考点有时也不相同,但是最好的还是以价值、大趋势为导向。因为只有根据未来的发展趋势,进而提升企业价值才是企业生存的根本。

当企业找到了需要变革的动力,那应该从哪些方面着手呢(见图9-3)?

图9-3 变革动力

第九章
变革路上的拦路虎

先诊断。企业变革必须结合自身的情况,这时就需要对自己有一个仔细的衡量。

许多企业引进一些互联网公司在分析企业的问题,进而找出解决的办法,这也是一个很好的思路。不过作为企业的管理者,有些症结不是其他人员能轻易看出来的,毕竟每个企业都有其特点。最好的方式还是通过发动内部成员找原因,然后再引进一些观点、技术才能从根本上解决问题。

第二,统一思想。上文我们提到在中国变革中的技术派与模式派之争,这说明两者的思想并不统一。无论最终采取哪种模式,不可能一个问题存在两个核心。在这一点上,显然华为走到了企业的前列。华为有一系列的制度来保证思想的统一。

华为用两年时间起草了《华为基本法》,它将华为整个变革的指导思想、原则、路径基本上都用非常详细的文字进行表述。其实在变革的过程中,需要统一思想的只是核心管理层和高管团队。

在变革的过程中,变革失败的例子也有很多。因为变革是一项复杂的系统工程。企业花费大量的时间、金钱来完成一项变革,最终变革失败了。这对企业变革者来说显然是一个重大打击,这也是有些企业不愿变革的原因之一。

所以变革准备期可能会很长,包括人员储备与安置、业务准备都要提前做好铺垫。一旦因为准备造成改革障碍,负面效应就会很快地扩散。

《华为基本法》上就明确规划,如何在企业发展初期统一思想、统一认识、激发斗志。当企业迅速发展起来后,企业新的问题就会呈现出来，这一般体现为激励政策、管理政策、价值问题、使命问题等，通过详细的解决办法为其改革移去了这一障碍。

第三，利益重新划分。新的改革出现，就必须对现有利益格局进行重新划分。在变革过程中，最容易触动老员工的利益，这些员工为企业的发展做过很大贡献。那么很容易激发矛盾的利益格局如何重新划分呢？

作为企业管理员者，必须制定清晰的分配制度，当然还是以企业的发展为第一要务。在这一事情上，华为给我们提供了一个案例。任正非遇到这项阻力时，原则上是把不配合变革的人进行集中清理，当然对不配合变革的员工会给予丰厚的补偿。这样既照顾了老员工的利益，又使容易吸引乐于变革的人才加入进来，使管理层的岗位也流动了起来。

当然对于这些不配合的老员工，不可以直接清除出去，因为这样对企业的发展很不利。因为有时企业并离不开这个老员工的帮忙，所以只能退而求其次。华为最常用的方法就是让这些员工一直保持在之前岗位上，而不让其参与变革，最终这些员工就会被边缘化。这样周全的考虑，使企业能保持稳定，当然华为在对员工补偿方面十分慷慨，上千万的补偿也是正常的事儿。

所以无论是变革模式之争，还是改革具体的实施方法，都需要针对自身企业做个全面的考量，最终让企业保持活力。

第九章
变革路上的拦路虎

9.3 迪拜债务危机

迪拜的石油储量日益减小，据2000年时的测算，至2015年迪拜将开采不到石油，于是迪拜开始一个新的发展模式——打造全球经济、金融中心。

迪拜酋长穆罕默德出版了一本书《MYVISION》(《我的愿景》)，这样描述迪拜的速度："在非洲，每天早晨第一道曙光露出时，羚羊就会马上惊醒，为的是抢先跑在狮子前头，以免死于非命。同样的，每天早晨第一道曙光显露时，狮子也会立即醒来，为的是追上跑得太慢的羚羊，以免死于饥饿。"

穆罕默德说："对国家和民族来说，与竞争者的赛跑，胜利的奖赏惊人，而失败的灾难同样惊人。所以我们跑，为胜利而跑。谁会记得第二个登上月球表面的人是谁？第二名是没人记得的，所以我们必须领先！"

根据这一愿景和决心，迪拜打造它的全球经济、金融中心。很快，迪拜建成多个世界第一，全世界最高的迪拜塔、全球第一所七星级酒店等，并结合地形打造了巨大的棕榈岛、世界地图岛。迪拜塔这一项目就花费了10亿美元，世界地图岛耗资30亿美元，被称为现代"世界第八大奇迹"。

显然这种花钱速度，对迪拜来说很有压力。于是穆罕默德制定了大量的优惠政策来吸引投资。仅仅4年时间，迪拜流入的现金就达到8000亿美元。在这期间，全球3/4的起重机集中在这个弹丸之地。

2008年，金融危机到来，但迪拜并没有停止它的速度，很快金融危机展现了它的杀伤力，迪拜房价迅速缩水50%，曾经的投机者纷纷撤离。在当时，大量跑车被遗弃在那里，因为经过运输、关税等会产生一系列的费用，有时比跑车价格还要高，于是形成了大的高档轿车"垃圾场"。

随后，迪拜取消400多个在建或将要建设的工程，损失额度超过3000亿美元。到了2009年，国际评级机构将迪拜的国有公司"迪拜世界"下调评级，国际投资者纷纷抛售迪拜的国家公司股权。

尽管迪拜后来挺过了金融危机，但是还是造成了数千亿的损失。迪拜危机不是一个局部性问题，而是全球的问题——现金流危机。

迪拜的发展模式令人赞叹，也令人吃惊，因为这种模式需要现金流高速运转。对于处于变革路上的企业来说，也是如此。

管理现金收取可能不是吸引进行创业的首要因素，但是它却对经营一家企业而言至关重要。在一天结束的时候，没有任何企业能够在没有现金的情况下维持下去，对于自力更生的初创企业来说，这更是真理。

现金流出现危机时，多数公司不得不以极低的价格处理资产，当时迪拜通过停止建设、处理资产、加快资金回流等方式阻止亏损。而作为传统企业应该如何呢？根据美国一家机构调查，在倒闭的公司中，85%的企业都存在现金管理问题。在企业改革的过程中，现金流的需求更加巨大，有时需要三五年的营业利润。

为了保证改革顺利进行，我们不得不运用一定的技巧来进行现金流管理工作。

图 9-4　现金流管理工作的技巧

第一，加大预付和提前结账优惠幅度。没有哪一位客户愿意提前结款，但是我们可以通过增大折扣的方式鼓励客户进行预先付款和提前还款。目前银行住房借贷利率接近6%，而商业借贷则超过8%，民间借贷在12%左右。考虑到通货膨胀、再投资因素，客户每拖欠你一年，就等于你的钱减小了12%。如果客户交清一年的预付款，原本需要100万元，其实给你88万元就可以了，当然如果你说服他给你98万元，那就更好了。提前结款还有一个好处，就是减少坏账。有时一家的财务很好，支付你的款项都能足额、及时，但是一旦企业出现危机，就有可能因无支付能力不得不推迟还款甚至拒不还款。

第二,加大回款跟踪力度。很少有客户愿意主动回款,因为如果钱款在他们手上,他们可以再投资或支配到必须付款的项目上去,另外客户也需要现金流,总之钱在自己手里总比在别人手里好。如果客户承诺三个月结账,那么你就需要在两个月或者更早时提出能不能早些结账。当距约定结账时间还有一周时,则需要加大催款力度或者当面交谈。同时对未付款的客户之前所产生的票据、合同及时整理,方便一旦违约,及时处理。

第三,压缩客户规模。当你预测到接下来12个月,你的改革需要大量现金流时,你就需要对你的业务进行提前整顿。如果有些客户的账期很长,你这时就要考虑是不是降低合作力度,减少业务量。或者通过给予一定的优惠措施,让其压缩账期。如果你的客户量比较大,而额度比较小,你就需要清理一些客户了,因为有些小客户会牵扯你太多的精力。

第四,进行必要的财务支出权力与责任分配。公司改革过程中,支出可以分为三种:一是必须支出,二是有必要非必须支出,三是不必要支出。对于这三种情况,必须责任到人,即谁批准,谁负责。如果因为大量不必要支出造成浪费,则必须由责任人负责。当然这也要和奖励相结合,如果支出合理则应该给予奖励。

第五,制定智能库存管理办法。纵观京东、阿里巴巴、苹果等巨头,我们不难发现其都有自己的一套库存管理流程。这对企业来说,保证了产品的流动性,一旦发现生产严重过剩,则应该从采取层面开始着手,不断地降低采购、生产、员工人数等,尽而保证库存量在一个最优的位置。

第九章
变革路上的拦路虎

9.4 如何在顺境中主动变革

如果企业增长速度比较快,现金流也很大,企业在行业中的位置也很高,那么作为企业管理者主动变革的欲望就会降低。因为这种情况下,变革失败的成本很高,不如守着目前的模式继续稳步发展。

老子说:"祸兮,福之所倚;'福兮',祸之所伏"。意思是说灾祸依存着幸福,即使是顺境(幸福)之中,依然隐藏着潜在的祸患。美国康奈尔大学(Cornell University)的教授做了一个实验。

教授把青蛙放进100℃的热水中,青蛙因受不了突如其来的高温刺激立即奋力从开水中跳出来以活命。于是教授换了一种方法,教授把青蛙先放入18℃左右的水中,然后再一点儿一点儿的加热。开始时,青蛙在水里舒适游动。随着温度的升高,青蛙开始焦躁起来,但是它感觉这些还可以忍受。随着温度的继续升高,青蛙最终承受不了,但是由于本能反应,它只能继续焦躁,而不选择跳出来,最终青蛙被煮死了。

水温升高的过程也是量变转为质变的过程。在安逸的环境中,人的适应性变弱,也不愿意去做改变。一旦风暴来临,倒下的必是那些活得安逸的企业。所以企业变革同样需要我们做出巨大的改变。韩国最大的企业是三星集团，包括26个下属公司及若干其他法人机构，在近70个国家和地区建立了近300个法人及办事处，员工总数19.6万人。

尽管三星很强大，发展的也很顺利，但是企业一直处于主动变革之中。三星集团有70多年的历史，企业经历的变革完全可以编著出一本书，因为里面有大量引人入胜的情节。三星在顺境中主动变革是有模式可依的。

第一，变革总动员，弱化内部组织惯性思维。

企业惯性思维是企业实施变革的最大障碍，当企业过于庞大时，内部组织惯性思维更严重。

许多企业因为经营出现危机，才对内部组织惯性思维进行抵制。这是外部的力量，当然企业外部力量不限于此。外部力量如果能让既得利益者认同变革措施，转型的前期动员工作基本已经做好。

在20世纪90年代初，三星集团的业绩屡创新高，管理者都沉醉于现有的成绩中。当三星集团领导人李健熙出国考察后，深深感受到三星产品与日本产品之间的差距。于是在1993年，李健熙提出变革路线——"新经营"。

这个经营思路是整合了质量经营、信息化、国际化、复合化战略。为了让企业变革更接地气，李健熙提出"除了老婆孩子，一切都可改变"的口号。

为了让企业走出现在的业绩状态，增加危机感，李健熙将已经生产出来的质量差的手机在广场上燃烧。随后,组织耗时数月的高层出国学习考察活动,高层们从日本至德国,深入生产车间,与先进的制造企业管理者交流。

为了让高层看到差距,李健熙当着大家的面,把自家产品和竞争对手拆开,然后比较电路板质量、螺丝数量等。这一切都是李健熙为公司成员做的思想动员。

这些动员活动,很快就见了成效,三星的管理水平和经营水平得到了大幅度的提升。

这也是在1997的亚洲金融危机中,许多企业倒下了,而三星集团安然无恙的原因。在这次危机中,三星集团很快完成了三项改革措施(见图9-5)。

图9-5 三星集团的改革措施

第一,企业结构重组。这项重组使企业专注于电子、金融等核心领域,将一些相关度不高的业务进行拆解。为了实现扁平化管理,集团决定将一部分决策分散到下属公司,以提高公司的灵活性。

第二,企业财务重组。为了增加企业现金流,企业出售了一些非核心的资产,并引入战略投资,进而降低集团财务杠杆,使其在金融危机寒冬中,有足够维持生存的现金。

第三，增加企业透明度。为了让公司的账目更真实地反映公司的经营情况，集团引入第三方审计公司，重新清理成员公司之间的贷款担保等事项。

通过这三项改革措施，三星集团度过了这次金融危机。危机过后，三星集团领导人李健熙说："未来仍不确定，能确定的是，只有抢先一步才能抓住正在出现的机会。我们不能自满，因为最大的挑战还在前面"。

在李健熙看来，变革不是阶段性的，而是无止境的过程。在2005年，三星集团年报开头799字的主席发言中，"变革"（change）一词出现15次。2007年主席发言提到最多的，仍是"变革"（change）和"挑战"（challenge）。

1. 建立组织化系统

管理学家约翰尼斯·赛格勒（Johannes Zeigler）认为，企业的组织智商由5个维度组成，分别是外部信息感知（External Information Awareness）、内部知识传播（Internal Knowledge Dissemination）、决策架构（Decision Architecture）、组织焦点（Organizational Focus）和商业网络（Business Network）。

在这5个维度中，内部知识传播主要体现为企业组织化，它是员工行动统一的组织保证。具备一定规模的企业大都会安装SCM、ERP等可以提高内部知识处理能力的IT系统。

三星在引入外部IT系统的基础上开发了自己的知识共享平台：MySingle。新员工入职的第一件事，就是激活MySingle账号；一天工作也常以登入My Single系统开始。通过My Single系统，员工可以方便地查看日程表，快速回复标题套红的公文加急email，或者与其他同事沟通。My Single还集成了三星放送中心制作的公司新闻和教育视频，系统自带的即时通信平台允许身处全球各地的公司同仁直接联系。系统主页的右上角，两个蓝色图标不停闪烁，一个显示"Samsung Value"（三星价值观），另一个显示"Samsung DNA"（三星基因），不断地向员工贯彻三星文化。

除此之外，三星"扎堆"文化也可以看成是保障内部知识传播的传统渠道。不论首尔江南洞、新加坡漆街、印度古尔冈、迪拜Sheikh Zayed Road、英国Chertsey，或是新泽西Ridgefield Park，三星集团总是尽可能把成员公司办公地点安排在一起。在入职培训、出游、公益等集体活动中将员工打乱次序随机分配成混搭小组，有意识地促进不同成员公司员工之间的互动，提升信息在企业内部传播的效率。

2. 组织蜕变战略

高智商组织，在做好思想动员的条件下，受到外部信息激发，可以顺畅地完成由内部传播体系跟进扩散、决策架构快速反应、核心组织有力执行的工作过程，最后在商业网络的配合下，实现技术和产品的升级换代。以下，我们以三星电子在亚洲金融危机前后引入SLIM系统改造半导体业务为例进行说明。

凭借20世纪90年代初对当时普遍认为尚不成熟的八寸晶圆生产技术的大胆投资，三星电子在1992年取得了DRAM存储器全球市场占有率第一的位置。90年代中期DRAM价格剧烈波动，先是一路飙升，使得1995年三星电子净利润达到创纪录的32.4亿美元；之后"高台跳水"，导致1996年公司净利润缩水94.1%，仅为1.9亿美元。

不稳定的市场环境让公司领导层忧心忡忡。1995年12月，在市场风向改变的当口，三星电子邀请加州大学伯克利分校的专家小组访问了三星器兴半导体厂。在详细了解情况后，这一专家小组指出三星DRAM生产线的不足之处：虽然在产量、设备利用率、人员效率方面，三星工厂在业内保持领先，但高效率的取得，是以生产周期延长、在制品库存增加为代价的。在制成品价格出现波动的情况下，在制品库存贬值成为公司亏损的主要来源之一。

专家小组的评估报告明确指出，DRAM生产周期的业内领先水平为2天，比三星快30%~125%。强烈的反差刺激了三星电子领导层的神经。改造首先从器兴厂6条生产线中生产周期最长的4号和5号线开始。外部专家与三星电子制造、工艺、研发、品控等部门的员工组成数个联合工作组。借助于三星内部高效的数据分享系统，联合工作组迅速建立起SLIM基础数据库，精准计算出各类半导体产品的理论生产时间，分辨拖累各类产品生产周期的"瓶颈"步骤，并提出详尽的改进计划。

高效的决策架构保障了升级计划顺利执行。三星半导体业务总裁直接参与制订了引入SLIM系统的年度计划，由半导体业务所有高级管理人员和技术人员组成的委员会对计划执行情况逐月跟进。随着升级计划逐步扩大到整个器兴厂，之后推广至三星富川厂、温阳厂，越来越多的三星员工参与进这一计划，新问题不断涌现。委员会赋予新参与进来的各级管理人员自行决定升级计划执行进度的权力。这一决定反而起到促进计划执行的作用。

经过1年的努力，SLIM系统大幅缩减了三星半导体业务生产周期。器兴厂4号线、5号线生产周期在计划执行第一年即由原来的4.5天缩短至2天，在第二年继续缩短至1.5~1.6天，达到甚至超过了当时业内领先水平。在2001年改造全部完成后，三星半导体业务的生产周期和在制品库存均大大降低。仅此一项，每年为三星直接贡献10亿美元以上的利润。

3. 变革危机中的机会

经历几十年的发展，尤其是最近20年的持续变革和转型升级，三星在多个业务领域如彩电、智能手机成为业界翘楚。回头来看，变革的最大障碍往往在于内部自满的惰性，而严峻的外部经营环境和激烈的竞争恰恰成为推动公司变革和转型的最大助推力。

变革与领导力互为因果。一方面，在困境中推动变革，需要企业领导者展现非凡的领导和管理能力；另一方面，困境也往往是成就领导者的重要舞台。在困境中凝聚共识，带领企业找到未来发展方向的领导者，能在较短时间内获得大量员工的信任，获得对企业未来发展产生重要影响的能力。

困境是帮助企业认识自身不足、提升组织智商的契机。在繁荣期，企业内部的问题往往被靓丽的财务数字掩盖，企业缺乏反思，没有变革动力。困境中，企业内部的各类矛盾集中暴露，才有了针对这些矛盾点进行改造升级的可能。实际上，不仅仅是半导体业务引入SLIM系统，包括三星电子整体引入六西格玛系统，甚至整个三星集团组织结构调整等在内的更宏大的变革，均是在亚洲金融危机前后着手进行的。变革之后的三星从公司治理到业务组合，各个层面都焕然一新。变革为之后的快速发展打下了基础。

困境可能是打破既有行业格局、企业实现"弯道超车"的时机。经济危机往往意味着"危险的机会"。这类危机是对特定行业内企业的无差别打击。相对于健康的公司来说，竞争力较弱或者存在内部结构问题的企业受到的打击更大，往往不得不采用裁员、减少投资、削减研发支出等收缩措施加以应对。

这在一定程度上相当于放弃了业务拓展，将市场机会拱手让与他人。从这个角度，可以理解为何三星即便身处外部危机之中，依然坚持在核心业务上扩大投资。正如集团领导人在1997年金融危机中说，"我们还是会向前看，还是会为未来增长大胆进行战略投资。"

从这个意义上讲，目前企业面临"互联网+"、大数据、工业4.0等变革机遇，无论公司运转是否良好，都应该从战略、组织、管理等方面着手，进行无止境的变革，这也是企业基业长青的不二法门。

9.5 倒在变革路上的诺基亚

企业变革是好事，但是并不是每一次变革都会成功。有些企业主认为实行变革很难，因为变革的风险太高。

这一现象有数据来支撑。IBM曾对15个国家和地区的1500多名企业高层人士进行了调查，结果发现几乎60%的管理者都在这方面遭受过挫折，有的人未能实现某个主要目标，有的甚至以全面失败告终。在这之后，牛津大学（University of Oxford）也在研究报告中指出，IT项目耗费的时间和成本通常都会超过预期，只有16%的项目能按计划完成。

有人想通过收购来完成变革，但是现实很残酷。20世纪80年代以来的大多数研究都表明，破坏、而不是创造价值的并购所占的比例高达70%。2012年6月，卡斯商学院（Cass Business School）在《首席财务官》（CFO）杂志上发表报告称，该学院研究了1997~2010年英国公司实施的3000多次收购，结果表明：成功收购所创造的价值多于失败收购所破坏的价值；但报告同时也承认，收购失败的比例约为60%。

基于此种背景，诺基亚也在不断变革，最终倒在变革之中。

2013年9月，微软宣布以72亿美元收购诺基亚的手机业务及相关专利。此信息公布后，引起全球范围内的讨论，因为诺基亚是一代人的印记。

诺基亚近年来，业绩一直处于下滑状态。从这次收购的价格就能够看来，在2011年8月，谷歌开出125亿美元高价，这一数字是微软开出价格的1.67倍。

无论价格高低，事实已经无法改变。诺基亚从巅峰滑落到核心业务被收购，仅仅不到5年时间。这只能说明世界的脚步太快，诺基亚掉队了。

1. 诺基亚的百年风雨

诺基亚公司在1865年成立于芬兰，其以造纸开始，不断扩大或转型。在1960年，诺基亚拥有木浆厂、橡胶厂、电缆厂共同构成诺基亚集团，其产业范围也扩展到化工、橡胶、电缆、制药、天然气、石油等领域。

1990年，芬兰出现经济危机，诺基亚也濒临破产。诺基亚果断收缩业务种类、规模，最终只保留了诺基亚电子部门。

尽管如此，诺基亚电子部门还是持续亏损达10年之久，在对其他企业来说，简直难以想象。后来诺基亚从困境中走出，其实诺基亚在当时是使芬兰经济快速走出困境的主要驱动力之一，也使诺基亚成为芬兰人的象征。

对诺基亚来说，1996～2012年这段时间是诺基亚最辉煌的时期。在1991年诺基亚就已经证明了它的实力，全球移动通信系统

第九章
变革路上的拦路虎

就是在芬兰通过诺基亚支持的网络打造出的。

1996年时,全球销量最好的手机不是苹果或者三星,而是诺基亚的一款1110手机,这一款式至2003年全球累计销售2.5亿部,包括苹果在内的手机巨头到目前都没有打破这一纪录。诺基亚占据了全球手机市场第一位置的时间达15年。在2007年,全球市场占有率达到了40%。2009年诺基亚手机销售量达4.3亿部。

现在如果和32~65岁之间人群提及诺基亚被收购,多数人会感到伤感,因为他们已经对诺基亚产生了情感,包括教科书在内的纸质图书、电子书中有大量诺基亚的成功案例。这足以见证诺基亚曾经的辉煌。不过自2007年之后,智能手机大潮滚滚而来。尽管当时的苹果手机信号差、待机时间短,用户还是呈现爆发式增长态势。

2. 正确的方向和失败的结果

许多人把大公司的倒闭归结为机构臃肿、人浮于事,其实并非都是如此。在战略方面,大公司会先于小公司,只是在操作的时候速度没有小公司快。毕竟要调整近10万名员工、数十个领域的业务,需要大量的时间。

其实在2007年,诺基亚就提出了转型互联网的策略,于是诺基亚启动Ovi计划。在Ovi计划中,诺基亚通过软件商城、音乐、地图、邮件及N-Gage移动游戏平台等五大业务,来全面支持诺基亚转型移动互联网。

为了使Ovi计划顺利进行,诺基亚于2008年以81亿美元的价格收购导航地图公司Navteq。收购完成后，诺基亚的汽车导航业务拥有很高的市场份额。为了加速抢占市场，诺基亚实行了免费策略，诺基亚将其智能手机上的导航地图全部变为免费，而中国的地图公司比诺基亚晚3年；诺基亚还在全球推出免费下载正版音乐功能的服务。

为了适应全球差异化的市场，Ovi应用商店根据地区差异，推出了适合其地区的应用版本。为了占领高端市场，诺基亚联合英特尔，研发出一款名为Meego的智能机操作系统。这一系列清晰的布局，就能看出这一策略是正确的，而为什么结果却失败了呢？有人说其缺乏移动互联网基因、有人说其执行力不够，真是众说纷纭。

3. 不完美但完整的结局

如果从创始人的角度来说，这是一件十分糟糕的事。这样说虽然狭隘，但是对许多视公司为孩子的人来说，确是如此。如果从企业发展的角度来说，这个结局不完美但很完整。

史蒂芬·艾洛普（Stephen Elop）曾担任微软商业部门总裁，而在收购前担任诺基亚总裁兼首席执行官。尽管这一情况，使得收购的公正性被外界质疑，但一切合理合法。在CEO史蒂芬·艾洛普的带领下，诺基亚在智能手机的业务全部投奔微软。在安卓系统时代，微软的软件与诺基亚的硬件联合在一起，是有机会超过苹果与谷歌的。

事实也正往好的方向发展，收购后开发的新手机Lumia稳步提升。2011第四季度销量为100万台，2012年第一季度销量为200万

第九章
变革路上的拦路虎

台，第二季度为400万台，在2013年的第二季度达到了740万台。

对于有100多年历史的诺基亚，这并不是第一次严重危机，但是最终都挺过来了。从全球的视角来看，诺基亚还有重新崛起的机会，毕竟现在诺基亚还有一些没有出售的业务。

在2015年8月，诺基亚为庆祝公司成立150周年，将股票代码从"NOK1VM0115"更改为"NOKIAM0115"。在此之前，诺基亚表现出强势的一面。2013年收购了诺基亚西门子50%的股权。

2015年4月，诺基亚以156亿欧元收购阿尔卡特朗讯，以此打开新一代移动互联网创新技术的大门。经历一系列的变革后，诺基亚轻装上阵，直指未来业务的核心。如果重组顺利，诺基亚仍旧有希望回归其原有的行业地位。

9.6 引领变革的IBM

2008年全球金融危机爆发的时候,IBM公司的CEO萨缪尔·帕米沙诺(Samuel Palmisano)提出了"智慧地球"这一概念,并向当时的美国政府提出建议:"与其激发原有经济活力,不如进行经济转型"。这一建议得到了美国总统奥巴马的认可。

2011年的时候,IBM市值2080亿美元超过微软的2079亿美元,成为当时全球第二大科技企业。尽管随后的4年时间里,微软反超IBM,并拉大差距,但不可否认IBM的转型之路的正确性。

IBM这家百年公司,能够持续保持活力,不得不对其精神层面进行考虑。IBM拥有"THINK"基因,即这是一家思考型的企业,通过对行业、社会、人类命运的思索,做出自己的决策。

"THINK"基因来源于1915年的一次事件。当时托马斯·沃森以职业经理人的身份接管了这家企业,不过当时公司面临的状况很差。托马斯·沃森召开了一次会议,但是现场气氛很沉闷。这种安静让人觉得可怕,因为大家在开会的时候不说话,怎么可能解决掉出现的问题呢?于是托马斯·沃森在黑板上写了一个很大的单词"THINK",以让成员把公司的问题当成自己的问题来思考。此

第九章
变革路上的拦路虎

后,"THINK"便成为了公司的标签。

在托马斯·沃森的领导下,公司大力研发新技术,取得了辉煌的成绩。1930年,IBM公司的销售额达到3950万美元,利益接近1/4。这一数据是4家同行大公司的总和,也使得IBM成为美国最大的商用机器公司。

1952年,IBM研究出世界上第一台存储程序计算机,成为IT行业历史上的里程碑。

不久,托马斯·沃森退居二线,由其儿子接管公司业务。公司开始了新一轮的变革,新的CEO将公司定义为一家计算机公司,这为IBM的变革指引了方向。随后,IBM开发的产品IBM701机器取得了重大成功。至1956年,IBM占据了70%的电脑市场,成为电脑行业的霸主。这位CEO比托马斯·沃森更富冒险精神,投入巨资研制IBM360产品,使IBM所向披靡。

1993年,IBM出现危机,新的CEO继续效仿"THINK"基因,使IBM走出泥潭。随后IBM迎来了互联网大潮,IBM实施了重组,将与互联网相关度不高的部门全部撤掉,同时这些部门的人员全部裁掉或安置到别的岗位,由此拉开了"一切向互联网看齐"的序幕。

2002年,萨缪尔·帕米沙诺(Samuel Palmisano)接任CEO职位并提出了"E-Business On Demand"新理论。这标志着IBM是一家软件、服务、商业咨询多元化公司。为了满足不同的客户需求,在第二年推出了62个解决方案。

萨缪尔·帕米沙诺搜集数百位管理人员、数千位员工的意见，并整理出新的IBM价值观，这个价值观以智慧技术为核心。相关的应用如智慧交通、智慧电力、智慧医疗、智慧食品等。

IBM围绕着智慧开始了新的征程。在2011年，IBM生产的超级电脑参加美国智力竞猜节目《危险边缘》（Jeopardy）比赛，并成功击败人类，夺得人机大战的冠军。《纽约时报》对此高度赞扬，评论说，"人机大战的胜利标志着在人工智能领域已经迈出了一大步。"

2013年以后，围绕着大数据、云计算、工业4.0等概念的全球新一轮变革号角已经吹响。IBM公司大中华区董事长及首席执行总裁钱大群说："前所未有的海量数据给企业带来了巨大机会和新的发展机遇。IBM正在进行一场宏伟的变革，既要重塑我们的公司，也要和大家一起重塑企业与行业。"

IBM制定了自己转型的三个方向。我们对此慢慢叙述，以期让读者理解变革的困境及解决困境的方式。

IBM第一方向：通过大数据，开辟新市场。据数据机构预测，2015年全球数据和分析市场规模约为1870亿美元。为了抢占这一市场，IBM加大对这一领域的投资，投资总额已经超过240亿美元。IBM希望通过自己的技术和专业能力，实现对大数据和分析领域的积累。这一积累包括许多重要领域如决策管理、内容分析、规划和预测、发现和探索、商业智能、预测性分析、数据和内容管理、流计算、数据仓库、信息集成以及治理等。

此外，IBM于2014年花费10亿美元成立IBM沃森集团（IBM Watson）。这一集团主要在医疗、金融和客户服务等领域为用户提供服务。如IBM沃森集团与纽约基因组研究中心（New York Genome Center Enter，NYGC）展开合作。这一基于云计算的合作，为基因数据及庞大的生物医学文献和药品数据库的分析提供了可能。沃森系统快速准确地查阅大规模的数据库，可以为大量的患者提供个性化治疗方案。此外，IBM还与新加坡一家银行展开了认知计算技术的合作，这一合作可以改善用户对银行的体验，进一步为客户推出个性化、高品质的服务方案。

IBM第二方向：运用云计算，重塑企业IT基础架构。云计算将许多业务流程数字化。据IBM预测，2016年有25%的应用程序为用户提供云服务。尽管云计算开始时间很短，但是云计算的市场已经超过2500亿美元。尽管在超过4万亿的IT市场上，云计算市场显得很弱小，但是其强大的潜力还没有爆发出来。

IBM花费20亿美元收购全球最大的私人控股云计算基础架构服务提供商Soft Layer，这为IBM的云计算增加了动力。围绕着这次收购事件，IBM将在全球布局40个云计算数据中心。

IBM全球信息科技服务部大中华区总经理罗睿怡女士说："2014年是IBM云计算在大中华区市场发展的重要一年。作为IBM投资12亿美元在全球范围内推出数据中心的一部分，Soft Layer在中国的第一个中心将在2014年推出。IBM计划在未来几年在中国开设3~5个Soft Layer数据中心，以确保全国各地以最高质量的云服务和能力支持中国政府和企业的关键发展需求。"

到目前为止，IBM在云计算领域投资已接近100亿美元，这使得IBM有足够的潜力超越微软、谷歌，甚至苹果公司。

IBM第三个方向：打造移动社交互动体系。在美国社交巨头有Facebook、推特，在中国有QQ、微信等巨头，这些巨头已经把流量入口牢牢地控制住。IBM并不希望与这些巨头们产生正面冲突，IBM希望从底层去控制社交平台。

2013年，IBM提出移动为先（IBM Mobile First）理念，随后收购能帮助企业利用行为科学与人打交道社交软件Kenexa公司。此后收购更加疯狂，发生了10多次收购，这些收购为IBM专家总量达到近万名，并获得了数千项专利技术。

为了更地的研究社交平台，IBM建立了自己的学习体系Connections。在此平台上，活跃着30万名IBM用户和20万个群体、3万名IBM员工。此外，结合IBM自身的工作方式，IBM实施了大规模开放式在线学习系统，这使得每一位IBM员工都能通过学习提高自己的职业技能。

面对中国这一巨大的市场，IBM当然不会错过。IBM通过自己的技术实力，把一些国有企业、银行巨头等变为自己的合作对象。

香港大新银行说："为了提供更贴近客户需求的服务，他们请IBM全球企业咨询服务部建构了更便捷、个人化与安全的手机银行服务。该手机应用程序建设基于IBM领先的Worklight移动应用平台，让客户可以通过手机轻松地使用银行服务，例如，可以借由个人手机地理位置信息，查询周边楼盘估值，并实时推荐客户最新的贷款方案。"

IBM也与中国铁路总公司下属中国铁道科学研究院达成战略合作。这项合作使12306的用户购票体验更加舒服。铁科院王明哲副

第九章
变革路上的拦路虎

研究员说:"铁路部门一直在为方便旅客及完善客服、购票不断努力。铁路12306客户端的成功,是铁路部门多年来客运服务建设和信息化建设的结晶。在与IBM的合作中,我们发现Worklight平台易于扩展以应对高峰时间的访问量,其自带的安全机制,还为系统的安全保证起到了保驾护航的作用,可以说充分体现了管理与运营平台的定位优势。"

IBM的客户遍布全球,不过都有一个共同特征:大数据、云计算、移动互联网。这是IBM真正的核心竞争力,由于衍生的服务,为IBM带来了大量的经济效益。对于传统企业而言,我们也可以学习IBM的变革思路,以及对接下来20年的规划,制定适合自身企业发展的路线图。

第十章
工业4.0，如何做个行业领导者

在工业4.0时代，"如何做个行业领导者"是接下20年的重大话题热点。对于企业而言，谁都不愿意错过这次超级列车，但是事实告诉我们，真正能搭上这趟列车的企业不会超过10%，你准备好了吗？

10.1 四次工业革命的相通点

我们比较前三次工业革命，发现了三个共同点：一是生产方式得到了改变，二是企业与企业话语权重新分配，三是国家与国家之间话语权重新分配（见图10-1）。

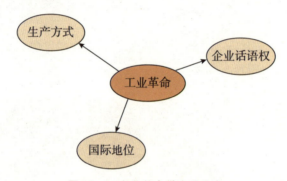

图 10-1　工业革命带来的改变

因为工业革命引发生产方式的改变，把握住机遇的企业迅速发展夺得新一轮企业间的话语权，众多企业的话语权组成了国家地位的变化。

第一次工业革命使美英国产生了大量的新的企业贵族，企业精英联合起来以国家形式向世界证明英国是世界最强大的国家；第二次工业革命使美国、德国、日本的国家地位急剧提升，后来德国

第十章
工业4.0，如何做个行业领导者

与日本因第二次世界大战的失败，经济遭受重创；第三次工业革命由美国主导，其他国家纷纷跟进。发展中国家发展迅速，中国长期保持高增长，使国际地位大大提高。

就我国企业而言，互联网公司慢慢占据各行业主导地位，百度、腾讯、阿里巴巴等巨头陆续崛起，不断向其他行业渗透。

第四次工业革命对中国来说，与第三次工业革命一样，是一场"弯道超车"比赛。因为尽管美国、德国等国占据了技术优势，但是中国的发展空间远超于发达国家。因为中国是发展中国家，需要向发展国家迈进，又因中国国土面积、人口规模优势，能够为中国的高速发展提供有效支撑。

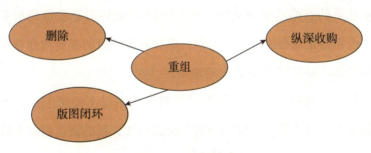

图10-2 重组策略

作为企业，如何在基于工业4.0的场景下，实现同行间超越呢？根据工业革命的共通性，就是提高生产力、淘汰落后生产方式。作为企业的掌舵者，首先要做的就是删除。

2013年，微软决定裁掉约1.25万员工，这些员工来自被微软收购的诺基亚。微软CEO纳德拉说："重组员工队伍能使组织结构更有优势，进而实现微软的远大理想。"收购后的诺基亚仍然不能摆脱亏损的结局，使微软不得不剥离诺基亚的亏损业务和裁员。由于

为诺基亚的代价太高，影响了微软的步伐，导致其不得不通过重组进行优化微软的战略布局。

到了2014年，IT行业裁员风波不断升级。微软将裁员提高至1.7万人；戴尔公司宣布裁员1.5万人，占其全球员工的15%；惠普则裁员5万名员工；IBM宣布裁员1万人。

老牌IT企业为何频频裁员？皆因战略转型和重组。思科CEO约翰·钱伯斯认为，思科的转型是公司不得不做出的艰难决定，这一决定有利用思科专注于能够增长的领域，从而成为世界排名第一的IT供应商。

微软裁员的目的是把精力集中到云服务和移动互联网领域；戴尔裁员的目的是实现其业务由传统PC产业转向企业级的服务市场，进而为企业提供IT解决方案；惠普裁员的目的是要向企业服务市场转移，放弃PC产业老大的地位。

移动互联网的来临，使得互联网巨头不得不淘汰旧的商业模式引入新的商业模式。与旧的商业模式相比，新的商业模式采取的是扁平化布局，人员更少效率更高，这是新的一场IT行业的游戏规则，要么接受，要么出局。作为中国的中小企业需要做的就是淘汰、出售一些非核心业务，进而让精力、资本投入到有竞争力的核心业力。

删掉非核心业务后，企业要做的是引入或收购一些有潜力的企业。对于传统企业而言，最快提升企业竞争力的方法就是直接引入先进企业的模式，进行格局重塑。

陈一舟丁2002年创办丁橡互动集团。2006年开发出5Q校园社

第十章 工业4.0，如何做个行业领导者

区，最终其影响力不敌王兴创办的人人网，最终陈一舟出资5000万元收购了校内网，经过几年运作，校内网更名为人人网，并成功在纽交所上市，当时市值达71.2亿美元，成为当时仅次于百度的信息技术概念股第二大企业。当时CEO陈一舟身价约18亿美元。尽管上市后，人人网一年不如一年，但不能不说这是一次完美的同行业单一收购式转型路线。

与之不同的是，目前许多巨头开启了跨行业收购路线，以期获得更大的版图，阿里巴巴就是其中一位。阿里巴巴上市后，收购、并购、入股等不断，我们来看一下马云布局的版图。

马云认为，今后的电子商务绝对离不开搜索引擎。因此为电子商务提供流量支持的搜索引擎就是首要投资方向，于是阿里投资雅虎中国、搜狗两大搜索引擎。

在生活服务方面，阿里于收购口碑网，入股美团、快的打车、高德地图。马云希望能够以本地生活服务为切入点，紧密围绕本地化的发展方向，以餐饮娱乐、房产交易为重点，立足全国数十家大中城市，以提高的用户体验为宗旨，发展成为国内最大的本地化生活社区平台，并最终为阿里巴巴集团旗下的各类服务带来更好的用户黏性和口碑。

在电商方面，阿里巴巴投资中国万网、宝尊电商、深圳一达通等以加固自己的电商领导者地位。

在移动互联网和社交领域，阿里巴巴入股微博、陌陌、UC浏览器。这是位于电商之后的第二大流量入口。从马化腾的QQ与微信就能看出来这一领域的巨大潜力。阿里巴巴在领域还没有与腾

讯、百度叫板的杀手级产品。尽管阿里巴巴推出来往应用，但是与QQ相比，简直不忍直视。因为两者根本不在一个数量级上，何谈竞争。

在影视媒体领域方面，阿里巴巴入股虾米网、优酷土豆，华数传媒。影视领域一直是娱乐业产出比最高的地方。

在金融领域，阿里巴巴与天弘基金、恒生电子开展深度合作，使阿里小微金融生态也会进一步完善。同时这也为阿里巴巴在外跑马圈地提供了足够的现金流。

电子商务离不开物流的参与，于是阿里巴巴投资百世物流、星辰急便、日日顺物流、新加坡邮政等。这使得阿里巴巴足以与京东等电子商务平台抗衡。同时阿里巴巴联合顺丰等公司成立菜鸟物流，进一步提高物流优势。

通过以上三种形式的企业重组，企业可以在中长期内占据发展优势，进而为企业的下一步扩张做好技术、资本方面的储备。

10.2 小数据串联大数据

近年来大数据公司发展迅速，包括谷歌、亚马逊在内的一些主打大数据概念的企业也在最近5年实现快速扩张，业务范围覆盖全球。其增长速度令人吃惊，投资人也对其抱有很大期望。Splunk于2012年在纳斯达克成功上市，成为世界上第一家上市的大数据处理公司时，当日涨幅109%，这就是大数据的带来的想象空间。

不过，目前没人愿意给"大数据"下具体的定义，因为现在还没人给"小数据"下定义。小数据是大数据的前提，小数据都没弄清楚，那么大数据应该依照什么作为参考点。

美国哈勃太空望远镜团队成员Borne认为，像在笔记本电脑上完成的数据就归为小数据。对于大数据，他这样描述："大数据就是一切能够被量化和被追踪的。"这一定义是说，目前我们面对的所有一切都可以进行测量和量化。例如，现在许多媒介都是信息采集点，包括信息高速公路、智慧城市、智能医疗、移动社交、电子医疗记录、监控摄像头等。尽管这有可能涉及大数据所带来的隐私问题，但是这为我们提供了一个测量方法，只是过程还需要完美而已。

对于大数据，每个人都有自己的看法。这与瞎子摸象一样，因为你可能摸到的是腿，我可能摸到的是鼻子，他可能摸到的是尾巴。对于大数据这个"大象"，每个人都有不同的描述和定义。这就是我们的难处。人们希望大数据是一个概念，但是这是很难做到的。

有人给出了一个区分点："小数据适合常人使用，而大数据适合企业使用"。如果我们报了一个培训班，我们不可能使用过大容量意义上的大数据，因为那会让我们花费大量时间去学如何移动数据，而没有时间学习任何具体要学的内容。对于企业而言，使用大数据相对容易得多，因为企业拥有大量的人员。如果需要追踪客户、了解客户的偏好、向客户提供推荐产品，只需要一个小团队就可以完成。一旦你区分了两者的根本不同点，你就很容易理解为什么机器能够运行完整的数据流并进行大数据流运算。

小数据可视化很容易，大数据就不那么简单了。当我们使用谷歌地图搜索旅游路线时，我们会先点开一个世界地图或区域地图。当你放大到一个特定的城市纽约，那么地图只能为你提供纽约的信息。当你再次放大数万倍，你就能看到清晰的旅游景点周边的商家、人群，因为你已经获得很高分辨率的数据。当然这只是大数据的子集之一。与整体相比，其实这就是小数据，因为它是分级数据结构的一个小部分。当你再次放大，能看清周边的每一个细节时，大数据基本收集完成了，这就组成了整个数据集。

当你需要小数据时，最为简单的办法就是下载了一张高分辨率地图，然后在地图上进行数据分析。当把小数据了解清楚之

第十章 工业4.0，如何做个行业领导者

后，大数据的操作思路就很明晰了。目前每个企业都希望提高自己的核心竞争力，但是最终还是被打败。因为自己的竞争力不集中，无法形成一种压倒性优势。

亚马逊是一家很大的电子商务平台，但是它的主要收益来自云服务。所以企业的核心竞争力不一定体现在表面上，而应该体现在底层上。

所以第一，企业必须找到自己的核心数据，才能有可能以此为基础建立自己的大数据。第二，当核心数据找到后，就需要寻找一些外围数据，利用滚雪球模式，让其成为第二层核心。第三，通过其他机构的数据进一步丰富自己的数据库。第四，通过社会化的信息去寻找大环境下的数据。

我们只有把这四层数据全部掌握在手中，才能实现数据上最根本的优化。具体的操作思路也分为四步（见图10-3）。

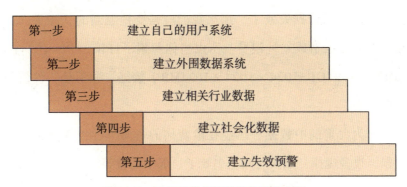

图10-3 亚马逊数据优化操作思路步骤

第一，建立自己的用户系统，找到企业最基本的元数据。

第二，建立外围数据系统。通过企业的一些活动等搜集用户的信息，然后与用户系统进地对接。

第三，建立相关行业数据。如果你的企业是一家销售快销品的企业，是不是可以尝试通过合作的方式获得沃尔玛、家乐福的数据？如果你是销售剃须刀的企业，是不是可以尝试通过合作的方式得到啤酒企业的销售数据？因为许多用户的行为都是有规律的，用户可能在买啤酒的时候去购买一把剃须刀；一个用户购买儿童用的纸尿布之后，有可能还会购买儿童用的奶粉。这类的案例有许多，企业可以通过纵向连接的方向搭建企业的相关行业数据系统。

第四，建立社会化数据。这一数据量特别大，几乎无所不包。通过对社会数据的深度挖掘，建立企业的全球视角。

第五，建立失效预警。我们的搜集到的小数据、大数据都有一定的使用时间、空间限制。这是设立一项预警指标就显得更为重要。当理论数据与现实差距超过30%，那么数据就需要进一步整理了；当理论数据与现实差距超过70%的时候，那么数据基本已经报废了。如果数据失效了，那么我们就需要挖掘新的、相关的数据，否则也会造成一种浪费。所以当你积累了1PB（1PB=1024TB=1024×1024GB=1024×1024×1024MB）数据，并不是一件值得骄傲的事。

因为大量的旧数据，已经在浪费你的资源。你挖掘出来很多数据、很多规律，如果时间上失效了，那一切就等于无用功。所以最有价值的数据是最新的数据、最有前瞻性的数据。

10.3 大数据作的"局"

大数据为我们描绘了一个美丽的蓝图,但是我们不可以直接跳进去,因为对许多企业而言那是自不量力。

市场研究公司Gartner副总裁、著名分析师黛布拉·罗根(Debra Logan)认为,许多企业开始关注大数据并试图理解它。因为大数据可以让企业很快知道某一问题的答案,进而解决它。可是许多人都有从众心理,企业也不例外。一旦"大数据"作为专有名词进行炒作的话,那就失去了意义。

据黛布拉·罗根搜集到的信息显示,95%~97%的非研究型企业目前对大数据目前还处于探索阶段。黛布拉·罗根说:"在这97%的组织中,有多少企业会提出大数据问题或通过大数据受益?"

微软公司给出了相反的观点,微软数据显示:"未来12个月中,逾75%的大型企业媒体部门将执行与大数据相关的项目。"对此,黛布拉·罗根给出了自己的观点。她认为,软件公司通常没兴趣帮助你提炼数据,因为他们是通过更多数据赚钱的,数据越分散,他们赚的钱就越多。所以基于这个逻辑,对于传统企业来说,大数据的路还是很漫长。

尽管如此,谷歌、微软、亚马逊等这类大企业已经在大数据方面取得重大突破。其中零售商是一个受益的群体,因为他们是距离钱最近的一批人,他们直接面对客户。

1. 大数据会吞噬你的投资

Gartner是全球最具权威的IT研究与顾问咨询公司,总部位于美国康涅狄格州斯坦福德。公司在全球设有80多个分支机构,有1200多位世界级分析专家,4000多名员工。它为全球供应商、生产厂商、系统集成商、咨询公司、银行、金融机构、能源交通、政府部门及其他领域提供数据咨询服务。

据其2014年的调查显示,73%的受访者已经投资或者计划在未来24个月内投资大数据,

与2013年相比,投资额度增长比例超过64%。不过调查还显示,目前许多公司只是做战略上的部署,开展的都是一些试水性质的项目。这意味着,大数据的投资、发展还刚刚开始,互联网常见的大数据案例只是一些个别的现象而已,并没有真正普及开来。

与投资大数据相比,与大数据公司合作或收购一些大数据企业显然更有价值。因为第三方的服务价值在起步阶段会很低,这样很大幅度上节约了企业的资金。

由于IT行业的性质,产品和服务更替的速度会特别快,甚至年降价幅度能超过30%。所以如果大数据投资的信息通畅的话,可以实施大量投资的方法。如果对大数据把握不足,可以暂缓一些时

间,直至世界明朗。

2. 大数据过载

任何行业都会经历从无到有,由少变多的过程。大数据时代也面临着同样的问题,这就需要从海量数据中"提纯"出有效的信息。对于企业而言,排除冗余信息、开发既有数据的使用价值,意味着更优异的性能与更好的服务。

在2012年,为了清除这一障碍,美国政府宣布投资2亿美元拉动大数据相关产业发展,大数据也戴着"未来新石油"的光环上升到国家战略的层面。根据IDC(互联网数据中心)的预测,作为大数据的细分领域之一,商业分析软件市场将以9.8%的年复合增长率在2016年达到507亿美元。

在处理大数据上,有许多公司做得很出色。美国Splunk公司就是其中一位,尽管此公司成立时间不长,但是公司的业务做得很出色。在2012年,其一个季度开发了500家新客户,总客户人数达到7000家。这就是大数据过载时,为一些公司提供的机会。当然其创造的价值也是很巨大的,为客户节约了数十亿美元。

3. 大数据相关人才匮乏

经过近30年的发展,软件方面的人才越来越多,然而大数据方面的人才很稀少,如能对大数据提出正确问题的专家和数据科学家全球范围内都很少。

大数据的人才偏少,一是因为教育体制没有跟上时代步伐,二是行业对大数据人才要求高。例如，大数据人才需要拥有数学和统计建模能力，这一能力不是通过简单的教育和培训就能够培养出来的。

目前这类人才主要集中在欧洲核子研究中心（CERN）及一些大型大数据公司工作，这类人才很少被吸引入传统企业。因为传统企业或中小型IT公司给不了其实验平台。如果大数据人才能像拿到本科学历的人那样多，说明我们已经真正步入大数据时代了。

所以每个希望在大数据时代获得发展的企业都需要有大数据人才培养计划。企业的规模决定了企业对人才的要求。当企业规模足够大的时候，如电信运营商或者电力、银行这样的行业，可能会形成一个大数据的团队。如果不是，比如说，就是简单的服务企业，那么形成理念就可以了。现在我们认为比较好的数据科学家，也不是说就是特别擅长或适应网络这样的人不重要了，重要的是要有武器，什么样的问题来了知道怎么解决。

或许我们只是小型的科技公司，没有实力建立在数据。但这并不妨碍我们对大数据的探索。大数据的采集要全面。因为大数据的格式多种多样，如图像、遥感、网络、文本、音频、行为轨迹、时间数据，这些格式为我们提供了分析的基础。

需要了解大数据分析方法。如果只需要一些已经发生的结果那就不是大数据。大数据必须有一定的预测功能。例如，服装制造企业，不知道淘宝、天猫上的数据，怎么能够设计市场上受欢迎的产品。在淘宝、天猫开设数家店，如果不知道其他品牌的售价、销售策略等数据，如何能保证在竞争中获胜。如果对手已经先行一步，自己还没有相关的数据，那只能等待倒闭了。所以必须尽最大努力去分析已经获得的数据。

大数据分布式存储。大数据存储方式有多样，但是各有好坏。有时我们需要牺牲可操作性去取得一致性；有时我们需要为了降低成本而去牺牲完整性。为了解决成本问题，我们引入外部合作路线。因为做大数据并不等同于自己建设数据中心。云计算和云数据中心出现，使获得外部数据的成本大大降低。不过企业要想真正在大数据上获得优势，必须做好数据架构处理。目前常用的数据分布式存储、Hadoop等，都是一个很好的解决途径。

企业内部团队的建设。企业如果需要长期稳定的大数据资源，必须有自己的人才培养计划。因为只有这样，企业的数据才能保持长期流动性更新。在不久的将来，真正有竞争力的还是掌握那些关系大数据人才的公司。

10.4 未来行业之争：数据入口之争

互联网公司将来都会成为大数据公司。美国有苹果、谷歌、微软、亚马逊等巨头，中国有阿里巴巴、百度、腾讯、小米、京东等巨头。看到弄潮儿的时候，我们也要看一下被潮流抛弃的公司。

1995年，互联网大潮越来越热，由此催生出大量的互联网公司。当时排名前五的互联网公司（见表10-1），还有目前新兴的互联网公司，我们发现只有一家公司——苹果存活下来了。1995年，Web.com当时是一家网站托管和管理服务公司，市值9.82亿美元。这一年也是亚马逊成立的第一年，2015年8月市值达到2500亿美元。

表10-1　互联网大潮下的互联网公司变化

	1995 年	2005 年
1	Netscape	苹果
2	苹果	Google
3	Axel Springer	阿里巴巴
4	Rentpath	Facebook
5	Web.com	亚马逊

之前排名前五的公司四家倒在改革风潮中了，而如今，新的风潮已经来临时——移动互联网。我们在2040年的时候，世界上还

第十章
工业4.0，如何做个行业领导者

会存在苹果、Google、阿里巴巴、Facebook、亚马逊吗？我们无法推测这一结果，但是我们可以断定，如果倒下，必因移动互联网。

对于中小型企业来说，这是一次机遇，一个成为全球前五的机遇，同时也是一个挑战。这个挑战会让参赛选手输得血本无归。

从全球来说，在移动互联网时代，中国、美国、印度、巴西、俄罗斯、日本等拥有庞大的应用场景。因为其具备了两个特点：一是国际影响力，二是人口规模。如果你生活在一个国家人口不足450人的梵蒂冈，想让自己的用户过亿那是不可能的事儿。因为场景提供不了人口规模基础。

在中国、美国等超级大国，已经有了上述两项基础。当然数据入口之争也会很剧烈，因为掌握了数据入口就掌握了致胜的法宝。

Curiosity China根据微信数据整理的信息，我们发现，微信每月活跃用户已超过5.5亿，用户覆盖200多个国家、超过20种语言。此外，各品牌的微信公众账号总数已经超过800万个，移动应用对接数量超过85000个，微信支付用户则达到了4亿左右。自微信出现至注册用户过6亿，仅用了33个月，这让易信、来往等应用"羡慕嫉妒恨"，此外一点办法都没有。

微信的成功来源于腾讯QQ的支持。在中国，只要认识字都会用QQ。微信通过QQ强势导流，快速占领市场并取得移动社交第二地位（第一是QQ）。QQ因为占据流量、数据入口，拥有强大的引流能力。如果腾讯想再建立一个能与微信匹敌的其他超级应用，只需要联合QQ与微信就可以，因为它们已经占据了庞大的数据入口。

我们重新梳理一下思路，阿里巴巴绑定了人与商品之间的入口，百度绑定了搜索入口，腾讯绑定了社交入口。细心的人很快发现，这一趋势还在扩大。腾讯投资了大众点评，阿里巴巴投资美团和快的，腾讯投资嘀嘀打车。因此，围绕入口之争的斗争仍在继续。

在互联网PC时代，各大电脑硬件商为地盘打得火热，在移动互联网时代，谷歌和苹果的操作系统之争、分发之争、安全之争、硬件之争通过一系列的进攻与防守新一轮的入口格局慢慢形成。

不过竞争的场景在慢慢变大，新的竞争将会围绕着抢电视端、车载、可穿戴设备，这些都是终端的抢夺；后台关于战略的布局是大家看不到的，这是背后的较量；但是所有的这一切，都是为了抢信息入口，未来的世界一定是靠大数据决策的。如果你没有大数据在后面给你分析，就意味着你没前途。

与之前的电视相比，移动互联网时代将更加智能，因为只需要数据为我们做决策就可以了。如果企业想知道用户的喜好，只需要去看一下系统统计的大数据，就能分析出用户的年龄、爱好，甚至数据知道用户下一步会做什么，在大数据面前企业的数据比用户更了解用户，这是信息入口之争的价值。归结起来，所有之争都是信息入口之争。

为什么打车软件在疯狂赔本补贴，为什么美团赔本而投资人还在扶持它，因为大家看到了信息入口，信息入口只要与钱挂上钩，那么离赚钱的时候就不远了。

由于银行业的存款利率太低，各种理财产品开始抢占理财市场，于是各种理财机构展开抢"宝"大战，仅余额宝一家就疯狂吸金7000亿元。移动互联网时代，让理财产品有了更多发挥，互联网金融已经诞生，互联网银行也指日可待。

由于入口种类繁多，我们以互联网巨头抢占的路径做以分析，其他入口请自我发挥。

我们常见的传统强势入口：浏览器、搜索引擎、安全、视频等。移动互联网之与互联网，一个最大的差异莫过于"碎片化"。"碎片化"贯穿整个移动互联网。无论从时间、地点，还是使用的应用而言，都充分体现了碎片化的特点。

浏览器、搜索引擎随着移动互联网的深入，作为移动上网的一个基本组件，势必会进一步发展；但同时我们也看到，它的作用势必不会有互联网那么大了。APP的发展已经从一定程度上打破了垄断，用户在桌面互联网上需要通过浏览器访问的网站，已经可以通过专有的APP访问了。

随着智能手机的普及，操作系统的日益统一，手机越来越是个个人终端，自然安全就成了智能手机的重大问题。虽然苹果自成体系，不采用开放系统，但依然有病毒和其他不安全因素威胁。

任何一个APP应用都可以去采集你的很多私密信息。相信，随着移动互联网的进一步发展，应用的进一步普及，相信手机安全一定是一个必须解决的问题。而一旦要解决手机安全，就必须把手机的至高无上的Root权限交给第三方的安全软件，自然，它也就取得了入口。因为理论上，每一步智能手机，如果没有安全软件的防护，都会随时暴露在病毒和黑客的攻击之下。

新兴互联网入口也有很多，主要集中在下面几点。

衣食住行等服务领域。美丽说、大众点评、酒店管家等就是推出衣食住行服务的成功代表。企业可以先通过和商家建立合作，吸引大量的用户，进而再让广大商家入驻，也可以先不直接和商家建立商业关系，而只做到信息层，吸引到足够用户后再建立销售队伍，快速击破已经获益的商家。在人们生活的每个细分领域，借助移动互联网的实时定位等特性，都可以形成新的信息服务产品来更好地满足用户需求。

健康医疗领域。2011年，医疗应用的下载量达到4400万，总收入达到7.18亿。移动医疗产业链由移动运营服务商、信息平台提供商、医疗设备制造商、医疗应用开发商组成。在移动运营服务商、医疗设备制造商这两个环节，由于成本和营业许可等因素，互联网企业较难涉足，而基于庞大的用户基数和互联网基因，在信息平台和医疗应用的开发上，新兴的互联网企业存在大量机会。

手机游戏领域。随着IOS、Android的普及，手机游戏正成为全民大众游戏方式，手机游戏的大爆发在1年内或许就应该到来。来自用户碎片时间的利用，人们对于触屏的依赖程度将会逐步加大，随着更多高品质手游作品的诞生，不少用户会选择将更多的精力投入移动娱乐产品上来。

垂直细分领域。现在很多投资者都在致力于平台的建设，但百度、阿里、腾讯等传统互联网巨头已经把平台市场占领，新兴公司进入这个平台化市场的可能性极小。英特尔投资合伙人许盛渊认为，同样作为较晚进入移动互联网领域的中小公司，在垂直领域反而有更多机会。房地产、汽车、旅游等垂直领域产生了很有价值的

第十章
工业4.0，如何做个行业领导者

公司，并且这个趋势将通过移动和社交两大因素进一步深化和广化，所以在法律、体育、生活信息等更多的垂直领域，都存在大量机会。陌陌、唱吧就是成功的例子。

移动广告领域。由于移动终端的独占性、深入互动和定位到人，移动互联网广告在品牌识别、品牌偏好和购买意愿等方面的平均效果超过传统互联网广告。李开复认为，广告一定会成为移动互联网的收入支柱，但短期要有足够的耐心，甚至要熬得住。搜索广告都需要很长的培养期，而效果更难衡量的移动广告真正显现力量可能还要三到五年的时间。

10.5 大数据可以预知未来

法国古典作家拉罗什富科曾说，"不管人们怎样炫耀自己的伟大行动，它们经常只是机遇的产物，而非一个伟大意向的结果。"而今天我们面临人类历史的移动互联网与工业4.0的机遇。

1980年，著名未来学家阿尔文·托夫勒出版《第三次浪潮》（The Third Wave）一书，书中，阿尔文·托夫勒用"第三次浪潮文明"来形容大数据。尽管30年后，"大数据"的概念才在互联网流行，但不可否认其对未来的洞见。

根据美国互联网数据中心发布的数据，互联网上的数据每年将会翻一番，即最近10年里所产生的数据已经超过90%。这些数据来自全球的工业设备、汽车、电表等一系列的测算工具，因为这些工具需要为人类提供位置、运动、震动、温度、湿度乃至空气中化学物质的变化等海量的数据信息。

目前，大数据正在掀起行业变革的巨浪。这项变革并非一些软硬件的堆砌，而是利用大数据深度挖掘数据本身所蕴藏的价值。以云计算为代表的技术出现后，那些原本很难收集和使用的数据开始变得容易。通过对数据的分析和整体，大数据会逐步为人类创造更多的价值。

麻省理工学院媒体实验室研究员阿历克斯·彭特兰（Alex Pentland）曾做了一个试验。在得到60多个家庭同意的前提下，他把传感设备和应用软件安装在这些家庭成员所使用的智能手机上，跟踪记录他们的移动位置、社交圈、情绪、健康状况、通话习惯和消费行为。根据收集到的用户大量隐私细节数据进行分析，它发现这些行为方式可能会揭示数以百万计的人们在家里、办公地点和游戏时如何相互作用、相互影响。

通过对60多个家庭、数百位家庭成员的数据分析，他得到社交之中存在"影响因子"的结论。他认为，人们可以通过相互影响，尽而改变一些人的想法。

目前许多手机应用安装时，都设置了读取用户通信录、通话记录、定位手机所在位置、摄像头使用权限等请求，使得用户对应用软件的"热心"感到很苦恼。如果你用打车类软件，那么应用请求你开通位置权限这当然可以理解，难以理解的是，一个手电筒功能应用也向你申请开通定位手机所在位置功能。

据2015年315调查，100个APP应用，有89款提出读取通信录的请求。据用户反映，自己上个月收到一条短信，上面说自己的朋友都在使用一款游戏，然后推荐这一用户下载。这显然是利用通信录信息进行病毒式扩散。这也就不难理解手机电筒功能应用的"良苦用心"，因为此应用知晓用户位置后，就可以推送如周边商家广告类的信息，进一步扩大商业价值版图。

尽管我们在大数据时代会遭遇这样的不愉快，但是这无法阻挡我们拥抱大数据的脚步。因为大数据预测不是一直停留在用户隐私领域，政府也会陆续出台一些限制政策。大数据的分析功能具有很高的整合性，有些整合看起来莫名其妙。

如比利时研究人员通过手机数据得到文化派系之争的信息，而派系之争最终导致了国家政治危机。随着智能手机的普及，全球手机覆盖率已经达到80%以上，另外有些人拥有2～3部手机。这些庞大的手机所产生的数据将为企业提供庞大的商用数据库。这一数据库能帮助研究人员预测不同个体之间的共性。

在通过数千万的手机信息样本，研究人员建立一套科学的人类行为模式，通过人类的轨迹信息，可以精准的预测接下来人类要出现在哪些、和谁在一起、会做什么等。彭特兰博士说："手机可以观察到一切信息。人们也能够居高临下地看到上帝眼中的人类活动。"

无独有偶，美国塔吉特百货公司（Target）曾被《纽约时报》（The New York Times）、福克斯新闻（Fox News）等多家报纸批评，一度深陷愤怒的舆论漩涡中心。原来，这家百货公司的数据专家们开发出了一种统计方法，这一方法可以帮助销售人员向刚生下宝宝的妈妈们推销婴幼儿产品。因为统计数据可以推算出哪些人群近期会怀孕。所以与其他公司的销售人员相比，这是一个巨大的优势。

这使得塔吉特百货公司在孕期及婴幼儿产品的客户增长了30%。尽管这一方法使公众隐私权遭侵犯，但是不能不说这个方法能给我们带来一些启示。

第十章
工业4.0，如何做个行业领导者

类似的预测不止上述两例。埃里克·西格尔（Eric Siegel）成立了一家叫"预测影响"（Predictive Impact）的公司。这家公司专门建立各类数学模型，以期从海量数据中挖掘出有价值的信息。这一模型让人吃惊，因为这一模型能预测你需要购买什么产品、将要看什么电影、发生车祸的可能性有多高，以及我们什么时候会使信用卡欠款。这一模型比塔吉特百货有过之而无不及。

曾经，惠普公司（Hewlett-Packard）的有些部门离职率高达20%，这在行业内很少见。惠普专门找来数据专家来预测全球33万名员工中谁最有可能辞职。这些数据专家通过对员工的薪资待遇、薪水调整幅度、薪水调整周期、升职周期等因素进行全方位考察，并把大量已经离职的员工数据放在一起分析，得到了目前每一位员工离职的概率，并对离开风险（Flight Risk）进行评分。

这一模型使惠普公司的离职率降低了许多。当然这和其他大数据预测案例一样，让被预测者感到不安甚至愤怒。

当然，接下来的一段时间里，研究者会把用户隐私这一项加以弱化或只研究那些不对隐私造成侵犯的领域。